中国人中国梦

中国人的生活变迁与脱贫攻坚

潘维廉 著

中国的精准扶贫是世界帮助贫困人口、实现《2030年可持续发展目标议程》的唯一途径。

联合国秘书长
安东尼奥·古特雷斯（Antonio Guterres）
2017年

前言

> 20多年来,中国一直是世界上最有力的对抗贫困的武器……在这期间,全球约11亿人口脱贫,每5个之中就有3个是中国人。
>
> —— 世界经济论坛,2016年2月3日

我年轻时曾梦想游历澳大利亚、非洲、拉丁美洲和欧洲,但是对亚洲却毫无兴趣。最后我却来到中国,就像中国人常说的那样:完全是缘分使然。

来厦门后,中国的奋斗目标和中国人民的奋发向上给我留下了深刻印象,但我很想知道改革开放是否惠及偏远内陆地区的人们。我决定亲自去寻找答案——直到今天,我仍在不停探索中。

我有幸目睹世界上人口最多的国家一心一意消除绝对贫困;即便我可以为自己的一生编写剧本,从呱呱坠地写到入土为安,无论如何也写不出比这更动人、更有意义的经历。30多年来,我乘坐各种交通工具探索中国的每个角落——自行车、轮船、汽车、火车、飞机——有几次甚至是坐农用拖拉机,以及徒步走入交通闭塞的山谷。我采访了数百位各行各业的普通百姓——农民、渔民、教师、医生、工程师、商人、清洁工、理发师、科学家、运动员。我的许多学生鼓舞了我,例如费菲。

由于家庭条件不好，她5岁便在街边卖草药补贴家计，后来成功考入厦门大学，并以班上前几名的成绩毕业，之后到哈佛大学深造，就职于麦肯锡和谷歌，如今已是一名专业人士、两个孩子的母亲。

还有一位只受过4年教育的农村姑娘，最初她的中国梦是给厦门大学的教授当保姆，每月挣20元；而如今，她已是一位富豪慈善家，开办有国际学校、房地产公司和生物技术公司。有一位男孩也令我印象深刻，他直到十几岁才有鞋穿，如今却已成为中国顶尖的隧道专家、历史纪录片制片人、慈善家。

我见过用手机和中国北斗卫星导航系统跟踪牛群的蒙古牧人，开网店卖传统产品的西藏农民；也见到了原先不曾踏足陆地，直到政府给他们安排了住房和职业培训，才得以上岸生活的船民。其中有一位腼腆的母亲，她现在做水产养殖比我做教授挣得还多。她曾居住的那个村子仍然在广场上保留着一艘舢板，提醒着每个人不要忘记自己的根。

蜂农、遗传学家、医生、庄稼人、清洁工——他们的故事都证明，中国能在短期内取得这么多成就，不仅得益于自上而下富有远见的领导，而且还离不开自下而上的百姓的勤劳和创新。

此外，我还有幸见到了许多推动中国快速变化的富有远见的领导人，包括李鹏和温家宝总理，以及年轻时的习近平。我眼见习近平在福建抓扶贫工作，一路慢慢晋升，从厦门市副市长升为福建省省长，最后成为中国国家主席。

与国务院扶贫办中国扶贫发展中心主任黄承伟博士交谈后，我才了解到要平衡经济迅速发展、区域差异、城市化挑战和环境保护等诸多迥异的因素是多么复杂。然而，根据联合国和世界银行的记录，中国几乎在每一项指标上都成绩斐然。当然，我也目睹了犯过的错误和失败。一个有14亿人口的国家怎么可能不犯错呢？不过，中国能吸取经验教训，坚定不移地前进。

尽管我见证了惊人的变化，但这30年来，甚至是几千年来都"没有"变的，是中国恪守孔子所说的"古之道"——政府要做到公正仁德，从道义上来说，就必须维护和平稳定，满足人民的需要。古时中国的领导人以超群的创新能力、创造力和热情，领导中国数千年。毫无疑问，他们要是能看到新中国的领导人在短短70多年内取得的成就，也一定会感到自豪。

在我们这个小小的星球上，没有理由在空前的繁荣下存在区域性贫困。幸运的是，中国现在正通过"一带一路"倡议和类似的举措帮助其他国家抗击贫困。这是一个艰巨的任务，但要说有哪个国家可以带领世界消除绝对贫困，那就是中国。

勇敢追梦吧！

目录

前言 5

第一章　千万人共同的梦

01. 我的中国梦是如何开始的 15
我初次邂逅中国梦是1976年在台湾,当时可以说是接到了上天的旨意。

02. 宁德:治国理政思想的练兵场 23
我们2019年两万公里环中国行的第一站是福建省东北部的宁德,这里是习近平主席年轻时治国理政思想的练兵场。

03. 林正佳:中国的隧道专家 33
中国已拥有世界上覆盖最广的公路和铁路系统,而我有幸与一位建设者做伴探索了其中的两万公里路程。

04. 胡敏:学者企业家 41
胡敏最具影响力的创新大概便是强调要培养年轻人的"全球胜任力",让他们做好充分准备,以应对中国国际地位日益提升带来的挑战。

05. 崔锐:内蒙古的哲人铁匠 50
农村铁匠传承1000年前祖先的技艺,用锤子和铁砧在火上打铁。他们令我想起儿时喜欢的一首诗——朗费罗的《乡村铁匠》。

06. 田野：让宁夏的"井底之蛙"重见天日......58

尽管这里的贫穷令人心碎，但当地人却开朗乐观、态度友善，假如没有他们的帮助，我可能永远无法走完4万公里的旅程。

07. 闫桂珍：因为被爱，所以爱......69

在我2019年拍的照片上，长城城墙还是一样的土黄，不过现在它的背景已是一片绿意盎然。

08. 梁楠郁：为西藏生命禁区带来蓬勃生机......80

我惊叹于有如此多的中国人志愿到条件极其艰苦的地方服务，例如海拔5000米的西藏村庄。

09. 益西旦增：一位年轻藏民的中国梦......92

优质教育是扶贫的关键，对于因地理、文化、语言障碍而与世隔绝的少数民族而言尤其如此。

10. 杨元建：藏族人的赤脚教师......101

任何一个国家扶贫工作的关键都在于良好的基础设施和医疗保障，因为身体不仅是革命的本钱，而且还是扶贫的本钱。

11. 冯友根：花农的儿子......111

冯友根的故事比任何童话都令人称奇。

12. 十八洞村："精准扶贫"的摇篮......119

对于十八洞村来说，11月3日是个非常喜庆的日子，因为就在2013年的同一天，习近平主席来到十八洞村考察。

13. 傈僳族人：傈僳大地富起来了......129

云南西部地区是中国最贫困的地区之一。当我们要去那里拜访居住在中缅边境的傈僳族时，我们入住的竟是希尔顿酒店。

14. 周德新：身心灵追梦......143

我在中国各地遇到了许多了不起的人物，诚如沃尔特·惠特曼在诗中所说，我身边就有好几个励志人物。

第二章　中国的第五大发明

15. 治国的艺术......155

我是讲授领导力和战略课程的教授，这个全球人口最多的国家让我印象最深刻的就是她开展的脱贫攻坚战。

16. 中国的扶贫之战......165

过去几十年来，扶贫措施很自然地从善意、简单直接的援助过渡到更可持续的赋能方法。

17. 中国的精准扶贫......175

2013年习近平就任国家主席时，中国仍有近1亿贫困人口，比当时世界233个国家中除11个国家以外的任何一个国家的人口都多。

18. 中国扶贫经验的可鉴之处......183

中国的扶贫斗争已延续70年，其规模和速度都十分惊人，令人敬畏，但我想知道其他国家能否复制中国的成功。

第三章　中国梦走向全球

19. 中国的精准城市化进程，供世界学习......197

如今失控的城市化进程让人害怕，而中国竟然发布了大规模的《国家新型城镇化规划（2014-2020年）》，着实让世界震惊。

20. 儒家道家思想中的治国理念......206

《孙子兵法》写道："知己知彼"。然而，虽然中国对世界十分了解，但是世界却对中国知之甚少。

21. 新中国成功背后的古代道德准则......215

1988年，我们初到厦门时，厦门人民"强劲的活力"仍与埃夫丽尔60年前所见到的那般令人惊叹。

22. 儒家资本主义和创造力......224

西方媒体和学者数十年来一直流传中国人既无创造力又不擅长做生意的谎言。幸好，事实并非如此，而世界也因此受益。

23. 中国的精准防疫......234

几个月来，我亲眼见证了中国和美国分别如何应对致命的新冠肺炎疫情（COVID-19），两国的差异令人咋舌。

24. "一带一路"倡议——全球精准扶贫......244

当我的小儿子和他妻子要前往非洲从事医疗志愿者工作时，他最大的担忧不是安全或健康问题，而是没办法煮中餐——只有这一点让马修很担心。

25. 和平之道......254

如果国家间不团结合作，找出贫困症结，精准对症下药，财富再多、科学再发达也永远无法消除贫困。

第一章
千万人共同的梦

01

我的中国梦是如何开始的

中国的精准扶贫是世界帮助贫困人口、实现《2030年可持续发展目标议程》的唯一途径。

——联合国秘书长安东尼奥·古特雷斯（Antonio Guterres）

2017年

我初次邂逅中国梦是1976年在台湾，当时的确可以说是接到了上天的旨意。我正穿过台中清泉岗空军基地的场地，大陆飘来的宣传气球撒下数百张传单，雨点般落在我的头上。我看不懂汉字，因此对传单没兴趣。然而令我惊讶的是，照片上的大陆农民居然跟台湾农民如此相像。当我得知海峡两岸实际上本是一家人，我便决心以后要去中国其他地方看看。后来我花了10年时间才来到大陆。

离开台湾后，我以美国空军特别调查办公室（OSI）特工的身份在美国和土耳其度过了3年。1979年，我受命执行一项与伊朗沙阿有关的任务。当时世界空前繁荣，却有很多发展中国家深陷极端贫困的泥潭；我曾对个中原因有许多推测，这次任务让我对这些推测产生了疑问。

1981年，我从空军退伍，开始在洛杉矶攻读硕士学位。在那里我遇到了一位美国女孩，她在台湾出生长大，也想去中国大陆学习。对中国大陆的共同兴趣促成了我们两人的情谊，那年圣诞节，我们在台北喜结连理。

那些年我们一直在等待良机，以便搬到中国去。我们时常溜达到洛杉矶唐人街，买几份《中国建设》（即现在的《今日中国》）。读越多有关中国发展的故事，我就越盼望亲眼看看中国的变化。1988年，在我离开台湾10年后，我和夫人苏终于带着两个年幼的儿子来到厦门大学学习中文。

在厦门，我们感觉就像在家一样亲切，因为厦门距离我们原先在台中的家只有160公里，中间仅隔了一道海峡，海峡两岸的方言和习俗也都一样。不过，尽管我们热爱厦门和厦门人，当时的生活条件却很艰苦。

如今，厦门已经成为一座现代化宜居城市，获得了许多国际荣誉。回想1988年时厦门岛的样子，简直让人难以置信。那时几乎每天都会停水断电。道路狭窄，坑坑洼洼，公交车冒出阵阵黑烟。商店屈指可数，好货往往很快便售罄，根本抢不到，留下的都是没人要的集中配给品。我买了辆三轮车，骑着它到处找牙膏、卫生纸之类的生活必需品。

我花了一个多月时间才获准购买三轮车，因为人们怕我要用三轮车赚钱。装电话更是困难，我花了450多美元，等了3年时间才装上。

然而，尽管条件艰难，厦门人却豁达开朗，因为生活条件已经比以前大有改善，大家对未来充满乐观。但我很好奇农村生活是否也得到了改善。

当时每天晚上，电视台都会播放一部短片，劝导城市居民不要浪费农民辛辛苦苦种来的粮食。第一个镜头是一位贫苦农民清晨在稻田里辛勤耕作；然后镜头切换成一个城市家庭吃丰盛的大餐，饭毕把残羹剩饭通通倒掉；最后一个镜头里，已是黄昏，那位疲惫的农民也吃上了饭，但全部晚餐就只有一碗普普通通的白米饭……这则短片令人震撼，立意深远，信息传达到位。我立誓要减少浪费，也立誓要亲眼看看农民真实的生活状况。

探索农村

1989 年 1 月，我开始骑自行车、坐公交、乘渡船、搭农用拖拉机，探索福建农村地区。当时厦门天气十分暖和，我没带外套便离家启程了，丝毫没有意识到我们即将遭遇极其罕见的寒潮。夜里，我住阴暗的花岗岩屋子，屋里没有暖气。由于实在太冷，主人（穿得甚至比我还单薄）一片好心，执意让我用热水泡脚，还给我添了一条毯子过夜。那是一条薄薄的毯子，但已经是他们最好的御寒之物了。我整晚都冻得发抖，冻得连骨头都疼。第二天我起床时，天刚蒙蒙亮，热情的主人便已经备好了一顿丰盛的早餐。多年后我才得知，为了招待我这个陌生人，他们把留着过年吃的上好食材都拿出来了。

招待我的主人生活贫困，但他们似乎不觉得自己穷。和我城里的朋友们一样，他们性情豁达，深信日子会越过越好。站在他们的角度，我也希望将来会是如此。但是就连比中国更小、更富裕的国家都还没有消除贫困，所以我估计消除贫困至少需要半个世纪，而且我们现在是"前人栽树，后人乘凉"，下一代人才有希望目睹。

一个学期后，我停掉了中文课，打算自学中文，并开始协助启动厦大的 MBA 项目。我对中国了解得越多，就越是意识到，中国绝非西方媒体描绘的那样。但是当我开始写文章反驳某些对中国的批评时，外国人愤然争辩道："你不应该写你自己都不了解的（东西）。你只见过中国沿海地区。内陆省份没有改变！"

"你怎么知道？"我问道，"你们从来没去过那里！"

"你不也没去过！"他们说。

他们说得有道理。于是，1993 年，我买了一辆 15 座的面包车，开始在中国东南部自驾行，行程 1 万公里；1994 年再次踏上旅程，行程 4 万公里。我们从福建出发，沿海岸线一路向北开到内蒙古大戈壁，再向西前往青海和西藏，然后穿越华南，回到厦门。路上平均时速只有 25 公里，全程历时 3 个月。让我惊讶的是，中国大举投资道路、电力、医疗、教育事业，即使是宁夏、甘肃、贵州最贫困的地区也没有落下，要知道就连联合国教科文组织也对这些地方不抱希望。从人道主义角度来看，这很是鼓舞人心；但从生意人角度来看，中国在人口相对稀少的赤贫地区投入大笔资金，又着实不太合理，令人费解。后来，我慢慢了解到，中国领导人的确高瞻远瞩。

授人以鱼还是授人以渔

中国有句老话："授人以鱼不如授人以渔。"中国很久以前就有过这样的教训：简单地施以援手有时是必要的，但并不能拔除穷根，甚至会造成依赖。于是中国从"输血"式扶贫转变为"造血"式扶贫，从援助转变为赋能。中国"授人以渔"的方法是为穷人创造更好的环境，鼓励其自食其力，让他们靠自己的努力摆脱贫困。这种方法透露出中国政府深信人民有能力、有干劲去抓住新机遇；而且这种方法最终结出了硕果，因为现在的中国人和他们的祖先一样勤劳。

露丝·塔尔曼 (Rose Talman) 1916 至 1930 年期间在厦门传教。她在自己未发表的回忆录中提到，中国人热爱和平，他们有"安守清贫和摆脱贫困的意志"：

> 在现实的生存环境下，中国人形成了自己的解决方法——节俭（中国人不浪费任何东西）、耐心、勤劳和幽默，这是中国人应对现实生活的处世哲学。也正是这些品质使得中国人刚毅、坚韧，并赋予他们安守清贫和摆脱贫困的意志。中国人不热衷奢侈的物质享乐。他们不是贪婪的族群。中国人更渴望和平与稳定——他们的社会风气崇尚辛勤工作，而非为享乐积累财富。东西方社会在心理上存在巨大差异。

多年来，我收集了过去几个世纪里居住在中国的外国人撰写的数百部著作和文献资料。他们无不欣赏和敬佩中国的治理体系和人民的进取精神——这种精神至今仍未有丝毫褪色。

闽南以出产中国最优质的茶叶闻名。但是在 90 年代初，我的茶农朋友穷得连自己种的茶都喝不起，只好冲泡野草和香草作为替代。然而，每当我驱车拜访他们，他们都会拿出自己最好的茶来招待我。多年后我才了解到他们做出了怎样的牺牲。今天，混凝土路一直修到了村民家门口，他们想喝茶便有茶喝。他们现在还都用上了电，不点煤油灯和蜡烛了。晚上看的是壁挂式平板电视，比我家的还大（上次我去的时候他们在看《美国偶像》，但愿他们下次看点比这更好的节目）。

中国的政策自上而下实施，卓越非凡、极富远见，但这些政策能成功，离不开老百姓的勤劳和智慧，就像我的朋友杨英女士那样。杨英是个农村女孩，只上过 4 年学。1981 年，她的梦想是给厦门大学的教授当保姆，每月挣 20 元钱，10 元自己留着，10 元寄回家。她实现了这个梦想。之后她卖过鱼，在厦门猪肉市场上大显身手，开过农村信用联合社，投资过房地产；如今又创办多所国际学校、一家生物科技公司，还建立了一个骨髓库，帮助白血病患者。此外，她还协助创办了 1000 所"希望工程"学校，帮助失学儿童。她还为家乡每一位退休老人提供支持。

林正佳也是个乡下男孩，只上过 4 年学，到 10 来岁时才有鞋穿。如今，他已是一名顶尖的隧道专家、纪录片制片人、慈善家，投入百万资金兴办教育和文化交流项目。

又如胡敏教授。如今，很多教师像他一样悉心栽培和激励人才，让他们成长为明天的领袖。胡敏教授也出身农村，他原本要被学校开除了，幸而有一位老师恳求学校给他最后一次机会。胡敏十分感动，于是开始认真学习，15 岁考入大学，之后便在大学任教，直到 30 岁。如今他是新航道教育集团创始人兼首席执行官,被誉为"中国雅思之父",出版著作和视听材料 300 余部,在全国有 10 万多名学员。他强调学生应具备"全球胜任力",做好充分准备,以应对随着中国国际地位日益提升而带来的挑战。

我印象最深刻的是,无论是在新中国还是旧中国,我所见过的多数白手起家的富豪都会慷慨解囊,帮助那些仍处于贫困中的人。在商界,他们是资本家,但在内心里,他们却铭记着社会主义精神。

32 天走完两万公里

这些年来,我见过像杨英女士这样的人,也读过一些记录中国变化的文章,我渴望再次驾车环游中国,看看从 1994 年到现在发生了哪些变化。

2019 年夏天,机会降临了。厦门大学管理学院的书记对我说:"今年是您 1994 年自驾中国行的 25 周年!您应该再环游一次中国!"他看出我犹豫不定,又说道,"费用我们全包!"

我同意了,之后他又坚持给我配一名司机。"您今年 63 了,可不是 36 岁!"他说,就好像我忘记了自己的年龄一样,"路程太长,还很危险。"

这主意还不错。我可以在司机开车时写东西。但是学院最终竟给我们配了 3 辆车和十几名随行人员,包括学生助理、备用司机、1 名医生(以防他们日渐苍老的外教身体垮掉),以及新航道教育集团的王女士,她来帮助我们记录口头采访。

1994 年,我们 1 天开车 10 小时,花了 3 个月才走完 4 万公里;但是 2019 年,我们只用了 32 天就走完了 2 万公里。我的中国同事和我一样对中国的巨大变化感到惊讶。

1994 年,我给内蒙古起了个昵称叫"泥蒙古",因为那里看上去好像只有一种颜色——泥土的颜色。1994 年,我的面包车被困在了一片不毛之地；2019 年，我在大戈壁边缘寻找当年那片地方，遍寻无果。今天，那里有漂亮的对流分道公路，公路中央和两旁种满了草木。

1994 年，即使是毗邻香港的富裕省份——广东省，山区里也只有土路可走。如今，中国拥有世界上最大的高速铁路和公路网，混凝土路修到了偏远乡村。一些村落经过重建，在政府补贴下盖了新房；很多新房都配有精美的少数民族建筑装饰，以突出民族特色。

中国还拥有世界上规模最大的网民群体，乡村电商经济蓬勃发展，有 4000 多座"淘宝村[1]"。

如今，世界上有超过一半的人口居住在城市，所有国家都深受城市化带来的问题的困扰。而在中国，由于乡村生活条件改善，并且政府为乡村企业家提供培训、支持、补贴，许多人离城返乡寻求生财之道。这种从国家到村庄甚至到农户的精准扶贫都离不开中国的第一书记们的奉献和牺牲。

赤脚第一书记

虽然有了世界上最成功的国家和地方扶贫计划，中国的领导认识到还需要加强与最贫穷民众的直接联系。为此，政府提出了第一书记下乡扶贫的核心战略。2015 到 2019 年期间，中国选派了 459,000 名第一书记到贫困村扶贫。

我认识了多位勇敢和善良的第一书记。我称呼他们为"赤脚第一书记"，因为他们自愿放弃高薪工作，远离家人，在偏远地区生活多年，到最贫困的群体中开展面对面帮扶工作。从改善基础设施、医疗保健和教育，到建立可持续发展的绿色产业，他们解决问题的能力令人惊讶。当然更重要的是，他们率先垂范，用自己的行为展现了如何从依赖到自力更生，到创新甚至创业，或者用中国人的话说，从输血到造血的

---

[1] 淘宝村：是指活跃网店数量达到当地家庭户数 10% 以上、电子商务年交易额达 1000 万元以上的村庄。随着电子商务在中国的发展，浙江、广州、江苏等地农村涌现了一批淘宝村。

扶贫道路。

尽管生活条件艰苦，但我从未见过任何一个第一书记后悔自己的付出，有几个第一书记甚至不顾家庭或健康问题，主动申请续任 3 年。难怪几个不同省份的农民都告诉我："我们现在有了好政策，因为政府懂我们，关心我们。"

不过，一些农民也补充道："光有好政策是不够的。我们也要尽自己的一份力。"

2019 年 12 月世界经济论坛指出，1990 到 2015 年间，中国减贫规模占世界减贫规模的五分之三以上。然而，尽管有中国的引领，世界其他地区却未能跟上。世界银行预计，到 2030 年仍有 5 亿人生活在赤贫状态。[2]

我希望世界其他国家能学习中国经验，因为所有人都是梦想家。我们都梦想家人和子孙后代过上更好的生活，享受和平与繁荣。在人类历史的长河中，我们第一次有了一个将这个梦想变为现实的典范。我们每个人都有自己的角色，而且重要的是，角色没有大小之分。

只要我们每人都扮演好自己的角色，就能够实现像中国梦这样的奇迹。不过，正如 T. E. 劳伦斯 (T.E. Lawrence) 1922 年写的那样，只有睁大双眼敢于做梦，才能创造奇迹。

> 人皆有梦，但并非平等。夜晚在心灵幽深之处做梦之人，白日醒来会发现所梦无非虚空一场；而白日做梦之人则是危险之辈，因为他们可能会睁大眼睛，依梦想行事，最终将梦想化为现实。

勇敢追梦吧！

---

[2] 见 https://ourworldindata.org/extreme-poverty

02

宁德：治国理政思想的练兵场

我们 2019 年两万公里环中国行的第一站是福建省东北部的宁德，这里是习近平主席年轻时治国理政思想的练兵场。过去 30 年，我目睹了宁德从中国最贫困的 18 个地区之一蜕变成为一片乐土，商业繁荣，环境优美，少数民族传统文化丰富多彩。

宁德的蜕变令人惊叹。2005 年，我曾开着面包车带十几名外国朋友到访宁德，不过我的目的不是带他们游览太姥山或白水洋梦幻般的美景，甚至也不是领他们品尝有名的霞浦海鲜。我想带他们看看那些偏远山村。1988 年，35 岁的习近平最初就是在这样贫困的地方着手解决贫困、环境、腐败、教育、少数民族保护问题。

我开车 8 小时，把这十几名外国人带到偏僻的山谷中。下车后，我们又步行 4 小时，再坐渡船过河。我的外国朋友们非常惊讶，这么偏僻的地方居然通电，还有移动电话和电视。住在村子里的都是老人和孩子。村里人都在电视上看到了国家的繁荣，青壮年已经纷纷涌入城市，去追寻心中的中国梦了。

要致富，先修路

如今，宁德的年轻人纷纷从城里回乡。现在，他们回家再也不需要长途步行，也不需要坐渡船了。新修的混凝土路在深谷中蜿蜒穿行，一直铺进最偏僻的村庄。这在一定程度上要归功于像《闽东日报》社长兼记者邱树添这样的人。邱树添是土生土长的宁德人，当地人都叫他"马路记者"，因为 30 年来，他不仅翔实记录了宁德的蜕变过程，还把自己的时间和金钱奉献给最贫穷的地区，帮助完成项目建设。

1988 年以来，宁德发生了翻天覆地的变化。1988 年，习近平新任宁德地委书记，他指出："闽东，交通闭塞，信息短缺，小农经济一统天下……人们说起闽东，便是五个字：老、少、边、岛、贫。"

"以前宁德老百姓太穷了，有不少人连大米都没见过。"邱树添告诉我们，"他们没见过百元钞票，赶上红白喜事，人家给他们随礼，他们都要把百元钞票换成 10 元、20 元的零钞。有些夫妇轮流穿一条裤子，一人穿裤子出去干活，另一人就待在家里，用被子遮体。茅草屋冬天寒冷刺骨，夏季酷热难耐，屋外下大雨，屋里下小雨。人均寿命非常短。"

年轻的习近平探"穷根"

年轻的习近平刚上任，便对宁德的赤贫深感震惊。他花了 1 个月时间走访宁德的乡村、企业、学校、政府部门，探究贫穷的根源。邱树添说："我深切地体会到，宁德就是习总书记治国理政思想的策源地……宁德是治国理政思想的练兵场。"

邱树添说，俗话讲"笨鸟先飞"，但是习近平在研究过宁德丰富的历史文化之后，说宁德并不是"笨鸟"，而只是"弱鸟"。习近平读到，古代宁德的工匠用火烧、水浇的方法开凿石山，建成了"黄菊引水"灌溉工程，至今已有 1400 年历史；宁德也养育了许多战场上的英雄。习近平认为，宁德这只"弱鸟"不仅会"先飞"，而且还会"飞洋过海"。

对乱弹琴者零容忍

习近平一心扑在扶贫上，他与村民会面，与村民一起用餐，甚至下田干农活，对乱弹琴者报以"零容忍"的态度。1988 年，他批评政府部门陈列与经济发展无关的"优秀奖"和"第一名"的奖项。他提道：悬挂这么多获奖横幅，却没有一条与经济发展有关，无法给人深刻印象，委婉地说，这是努力工作了却没有提供真正的服务，说严重点，这就是工作不分主次，不坚持根本，简直是乱弹琴。

人民群众"不但要听你说得如何，"习近平告诫道，"更要看你做得如何。"

看到部分官员滥用权力，或是占用公共土地盖房、修墓，习近平痛斥这些腐败现象。有人劝习近平谨慎一些，习近平回答道，我们该得罪 300 万人民，还是该得罪违反党纪的官员？

宁德的贫困让习近平十分痛心，于是他把记录宁德人民困苦的影像资料带到了北京。这引起了中央政府的注意，但也引起了他家人的担心，习近平的姐姐齐桥桥看到弟弟的工作环境时不禁哭了。"至少那边风景很美。"习近平安慰她。

习近平在宁德的工作如鱼得水，赢得了乡亲们的尊敬，就像他在梁家河下乡 7 年赢得农民们的尊敬一样。习近平吃穿用度十分简朴，经常拿出自己每月 170 元的微薄工资来帮助贫困家庭。习近平的妻子是一位知名歌唱家，收入比他高，经常会帮他贴补一些开支。

精准追梦

习近平梦想远大。他强调，只有长期逐步采取有针对性的脱贫措施，专注发扬当地人的优势，才能真正消除贫困。这一理念与 2013 年习近平提出的"精准扶贫"非常相似，也正是在 2013 年，习近平宣布中国要在 2020 年消除绝对贫困。1990 年 3 月，习近平写道："我们需要的是立足于实际又胸怀长远目标的实干，而不需要不甘寂寞、好高骛远的空想。"

习近平走访每一个村镇，敦促政府和企业发挥自身优势，发掘当地特色产业，如古田的蘑菇，霞浦的紫菜、海鲜、榨菜，福安的电机、竹笋、芋头，柘荣的药业，太姥山的生态旅游业。只要一个行业发展了，就会带动其他行业一起发展。如今，宁德的一些技术不仅领先全国，而且还达到世界一流水平。

习近平在吸引外商投资方面见解十分精到，他指出，仅仅是减免税收还不够。外企不仅想省钱，而且想赚更多的钱，能够轻松、顺利地做生意，要有稳定的营商环境和良好的基础设施。如今，宁德是世界最大的锂离子电池生产商——宁德时代新能源科技有限公司（CATL）的所在地。宁德时代有10,000多名员工，与宝马、本田、现代、吉利、厦门金龙等世界顶尖车企建立了合作关系。

绿色发展

宁德最引人瞩目的是它很好地实现了经济发展与环境保护的平衡，这是因为早在生态保护被列为首要任务之前，习近平就已经在提倡环保了。如今，宁德已成为地级市和创新环保示范地。2014年，习近平在福建考察时说道："不能毁了'真宝贝'，引来一些损害环境的'假宝贝'"。

多亏了习近平的高瞻远瞩，如今宁德森林覆盖率为65%，拥有丰富的生态旅游和文化旅游资源，村民们通过开办竹筏漂流、农家乐，出售土特产赚取收入。宁德出口柚子、板栗、桂圆等水果，拥有近500平方公里的茶园。宁德的出口商品还包括海鲜，如牡蛎和淡水鳗，在国内外备受欢迎。

心系少数民族

习近平心系少数民族，比如畲族。他了解到，畲族人离群索居，和汉族人语言不通，难以接受教育，因此往往陷入极端贫困。他在2015年一份国家民委工作简报上批示："全面实现小康，少数民族一个都不能少，一个都不能掉队。"

畲族人有独特的文化。他们有自己的传统、服饰、音乐，但没有文字语言，文化要靠口头叙述和吟唱传承下来。邱树添说："习近平感到保护畲族文化非常重要。习近平在听过一首畲族歌曲后，便去询问身为知名歌唱家的妻子彭丽媛教授的看法，请她帮忙宣传……畲族人的故事和歌曲现在已经都记录了下来，留给子孙后代。"

"海上吉普赛人"搬迁上岸

"宁德还有两三万名'海上吉普赛人'，这些人从未踏上过陆地。"邱树添告诉我们，"海上吉普赛人"从出生到去世都生活在狭小的舢板上。习近平看到后，不仅为数百户家庭提供免费建房用地和补贴，还让他们学习现代水产养殖和商业。

溪邳村一位退休渔民，在海上生活了数十年，因此脸变得黝黑苍老，他告诉我："我们一直生活在恐惧中。台风来时我们把很多条船系在一起，人在里面挤作一团。赶上船翻了，整个家族就都没了。我们没有医院，没有警察，孩子们也没有学上。"

2017年，溪邳村人均净收入已达到18,756元，与20世纪90年代的850元可谓天差地别。溪邳村一位母亲在告诉我她捕鱼挣了多少钱时咧嘴一笑。"比我挣得还多！"我惊叹道，"我退休后要搬来溪邳村！"

她爽朗地笑道："我们有多出来一间房间，可以给你住！"

南塘村畲族少数民族的新生活

我们迫切想要看看少数民族的生活发生了什么变化，于是邱树添开车带我们来到了南塘村。要是在1988年，颠簸的土路上肯定少不了开车和步行的劳顿，但如今，宽阔的混凝土路一直通到了村口。南塘村干净整洁，还有一个小型的畲族遗产保护中心，公共建筑的墙壁上绘有表现传统生活的壁画。

宁德霞浦县南塘村全景（摄影：朱庆福）

回想 1988 年，很多畲族孩子都没有校舍，只好坐在旧寺庙或棚屋地上学习。如今，南塘已经建起一所漂亮的小学，配备了现代化的运动场和操场。我到学校时，课间休息的钟声正好敲响，孩子们欢声笑语，生气勃勃，吵着要和我这个外国爷爷照相。之后，邱树添领着我们走上一条混凝土路，来到兰奶忠的家，对他而言，扶贫堪称关乎生死的大事。

邱树添每两月检查一次南塘村居民的福利状况。在家访兰奶忠时询问了他的健康状况、经济情况、家庭状况，问他是否还需要其他帮助，之后还要在官方清单上签字确认。

"第一次见到兰奶忠时，"邱树添说，"他精神状态很差，住的土房子摇摇欲坠。现在见到他，他都是面带笑容的。"

"10 年前，我父亲得了脑癌，"兰奶忠说，"治病大约花了 20 万。之后我也病倒了，做了两次手术，没法工作，于是更穷了。"

村里的领导把兰奶忠的情况报告给了上级。兰奶忠说："领导们会来看是不是真的贫困。如果是，他们肯定会帮忙。"邱树添马上帮助联系宁德最好的市医院，让兰奶忠赶紧去治疗。

"你现在身体怎么样了？"我问道。

2019年12月5日,访问宁德霞浦县南塘村小学(摄影:朱庆福)

兰奶忠羞涩地笑了:"现在没什么大问题了。"

邱树添笑道:"他身体和精神都恢复了,现在还有一些姑娘看上他了!"

邱树添自豪地带我们参观兰奶忠的新家:"新盖的水泥砖房不像之前的旧土房,现在的房子特别结实,能承受台风。屋子结实又干净,甚至改善了住户的精神面貌。兰奶忠的人生改变了。现在最大的任务是娶个新娘进门!"

"你是怎么盖起这座漂亮的新房的?"我问道。

"我们的土房是危房,随时可能倒塌,"兰奶忠说,"于是政府给拨了3万元,剩下的钱我出。"

"他是个壮劳力,"邱树添说,"光是去年夏天,他就靠装空调挣了3万多。"

2019年12月5日,采访宁德霞浦县南塘村村民
(摄影:朱庆福)

"国家政策很好,大力扶持农村地区,"兰奶忠说,"20年前,条件很差,家家都住土房。村里没有路,种的东西没有销路,而且就两亩地,种出来的还不够自己家吃。我们有时上山砍柴,运到街上卖,但是背几十甚至上百公斤柴火到市场上卖,却挣不了几块钱,太辛苦了。也有的人去做临时工,不过生病之后我就做不了了。"

邱树添说:"造成农村地区贫困的原因是缺乏知识、技能、人才。兰奶忠掌握了技术,就能靠装空调或者在农场干活挣钱,一个月能挣四五千。"

"你是怎么学会装空调的?"我问兰奶忠。

"其实没什么难学的,"兰奶忠咧嘴笑道,"胆子大你也可以做。

空调都是安在窗户外面的。第一步就是要胆大。"

下党村合作社

下党村是宁德众多成功扶贫事迹中的又一个范例。几十年前，我第一次来到下党村，村里只有土路和土房子。72 岁的王光朝经营着一家"幸福茶馆"。他回忆道，1989 年，习近平曾步行 3 个小时来村里考察，"当时村里根本没有路。"如今，下党村环境整洁，犹如绿色花园，古雅的建筑坐落在葱郁的山峰和清澈的小溪之间，山腰上到处是翠绿的茶园。

2014 年，下党村推出了中国首个扶贫定制茶园，个体茶农可以加入并组织生产。合作社帮忙提供购买肥料和杀虫剂的资金，还负责为茶叶找市场。

合作社成员使用移动应用程序追踪从茶叶种植、加工到包装运输的每一个环节。借助高科技的效率，村里 128 户茶农的茶叶从每公斤 4 元涨到了每公斤 20 元，年人均收入超过了 11,000 元，31 户家庭脱贫，26 户盖了新房。全村收入从零元增至 223,000 元，如今，合作社模式已经进一步推广至葡萄、大米、猕猴桃等产品。

赤溪村首个返乡企业家杜赢

宁德繁荣发展最生动的例证是许多年轻人从大城市返乡创业——比如首个返乡大学生杜赢。

杜赢小时候家中贫困，靠地瓜饭糊口度日，一年只有一件新衣服穿。父亲盼望儿子去上大学，不要再回贫困的宁德农村。2013 年 6 月，杜赢大学毕业后回家乡创业，可以想见，他的父亲十分失望。

"所有人都劝我们走，"杜赢说，"但我们还是回来了，而且做得还不错。我们让乡亲们看到，年轻人实际上能做成不少事！"

杜赢和女朋友借了 10 万元商业银行贷款，加上 20 万元结婚钱，创办了赤溪茶业有限公司。如今，杜赢和女友已经结婚，儿子 4 岁了。他们的茶叶公司有两栋大楼，占地 600 多平方米，茶园占地 40 多公顷。

截至 2013 年年末，杜赢在两个月的时间里就挣了 10 万多元，还清了所有银行贷款，2014 年公司净利润超 40 万元。现在，杜赢的父母很自豪，也在帮着打理生意，他家的茶叶生意为许多邻居提供了工作岗位。杜赢接下来的计划是建一座"白茶体验厅"，帮助推广本村的白茶民俗。

"政府帮了大忙。"杜赢说。赤溪小学的"农民文化技术学校"开设各类课程，从电子商务、餐饮接待、旅游礼仪到茶叶种植、水产养殖、果树种植等无一不包。类似这样的支持政策，再加上杜赢的示范带头作用，吸引了超过 40 名大学和技校毕业生返回赤溪村创业或工作。

当问到自己身上有什么特殊之处时，杜赢答道："如果说有的话，那就是福建人爱打拼的精神！"

宁德这只当年的"弱鸟"，在习近平主席的关怀下，不仅做到了"先飞"，而且飞得比大家想象的更高。

不过，宁德的成功在很大程度上还要归功于中国迅速发展的基础设施，而基础设施的建设又离不开我的旅伴林正佳先生。他从一个乡下赤脚男孩，成长为企业家、纪录片制作人、慈善家。下面就讲述他激励人心的开凿隧道的故事。

03

林正佳：中国的隧道专家

赤脚乡下男孩的大梦想

90年代，我曾龟速行驶在一条车辙很深的路上，旁边一位满脸皱纹的老奶奶咧着嘴笑，冲我挥手，步行超过了我。公路的状况也好不到哪去，我们曾经在四川的一个偏远山村困了3天，当时大雨冲垮了当地唯一的国道。但是，20年后，中国已拥有世界上覆盖最广的公路和铁路系统，而我有幸与一位建设者做伴探索了其中的2万公里路程。

林正佳先生仅受过4年教育，是真正白手起家的富豪企业家。他自豪地向我展示了他参与建设的隧道，包括从海平面下70米处的厦门翔安海底隧道，到世界海拔最高的青藏铁路隧道。

林正佳到10来岁时才有鞋穿，为了在学校不受欺负，增强自信，他学习了功夫；但如今的他已不再缺乏自信——无论是对自己，还是对中国，他都充满信心。林正佳拥有多个头衔，包括企业家、探险家、武术专家、慈善家、电影制作人、《艺品》杂志出品人、侨联领导。他还捐款5千多万元，用于扶贫、教育、国际文化交流事业。

平潭岛——世界最早航海探险家的故乡

林正佳出生于平潭岛（中国大陆距台湾最近的地方），那里是南岛文化发源地，他对此很是自豪。"我没有文凭，但我有文化！"他说，"所有平潭人都有岛民精神,这种精神驱使着我们成千上万的祖先跨越海洋,前往岛屿定居。"

世界上最早的真正环球航海探险家——古平潭人,不仅在台湾定居,而且还在太平洋和印度洋岛屿上定居,从东部的复活节岛和夏威夷,到西部的马达加斯加,南部的新西兰,都可以看到他们的身影。如今,世界上有 3.86 亿人讲南岛语系的 1257 种语言。

平潭广泛的贸易活动促进了传奇海上丝绸之路的兴起,此外,平潭岛还是大陆和台湾海岸防务的战略要地,平潭海坛镇驻兵与台湾镇澎湖水师每 3 年调防一次,一直持续了两个多世纪。无怪乎很多平潭人和台湾人有血缘关系。

我猜早期平潭人探索世界只是因为要在家乡活下来太难了。"有句话讲,平潭'光长石头不长草',"林正佳说,"因为这儿连草都长不活。"不过,粗糙的土地孕育了吃苦耐劳的人民。"我们靠海吃海,再就是靠沙土能种出来的地瓜和花生糊口。"

平潭还以独特的石屋闻名,其中一些石屋已有数百年历史。林正佳带我看过他小时候住的石屋,当时屋子正在做整修。"我家有 8 个兄弟姐妹,加上奶奶,一共 11 口人住在这间 25 平方米的小房子里。学校的老师就是村里学校毕业的。这也是我说不好普通话的原因。我没有接受过好的教育。"我之前就奇怪,为什么他口音这么重,听起来像是外国人。

功夫自信

"别的小孩都看不起我,因为我付不起四五块钱的学费,"林正佳说,"于是我开始习武,免得他们欺负我,而且还能增强自信。"

"你练了多少年?"我问道。

"练了十来年,"他说,"我的力量和信心逐渐增强,于是我试着参军入伍,那可是我的梦想——不过他们不要我!所以,我在军队当了10年工人,跟着武警学到了更多武术;20世纪80年代,很多人都是因为响应毛主席的号召去学武术。"

毛泽东24岁时曾写道:"求所以善其身者,他事亦随之矣。"对于林正佳和他的二儿子(现在是新加坡的一名特种部队指挥官)而言,武术已成为精神和身体的双重修行。

"武术改变了我的生活,"林正佳说,"工程改变了我的事业,它们两个互相影响。我们练武的人有信心也有力气连续工作14个小时,而其他人工作12个小时就垮了。而且也只有我们敢面对秦岭隧道工地上的寒冬。别人都担心在偏僻的地方会被人绑架,可我从来不怕。即使晚上有四五个可疑的人接近我,我也有信心对付!

"但是,有时确实太危险,全靠上天保佑。我怕工人偷工减料,经常夜里巡视秦岭隧道工地。要是在大雪覆盖的山上摔倒了,会滑出二三十米,没人救得了我。"

"现在生活比以前好多了,你还练武吗?"我问道。

林正佳咧嘴一笑,他抬腿一踢,踢得比我的脑袋还高。"我每天还是会练上几小时,早晨还是会去爬山。我身体很棒。没有武术的话,我早就没命了。"

改革开放,拼搏求赢

林正佳承认,要不是中国这些年发生的变化,即使他再怎么坚持奋斗也徒劳无功。林正佳说,"没有改革开放,我们这些60年代生人就不会有今天。生活就是一场拼搏,穷人的孩子总是被迫早当家。但是就像我们福建人唱的那样,'爱拼才会赢',我们都梦想闯出自己的一番天地。"

平潭的贫穷在一定程度上是由于其交通闭塞。这里狂风肆虐、巨浪滔天,1年之中有200天风速超50千米/时。因此,全球的专家都认为，世界上有 3 处地方无法建设桥梁，除了百慕大和好望角，平潭也是其中一处。不过，随着 2010 年"无法建设的大桥"在平潭竣工，及 2019 年世界最长公路铁路两用跨海大桥竣工，这座曾经沉睡的岛屿如今正繁荣发展，在 5G、航运、自动驾驶公交车、隧道挖掘等领域甚至领先全国。

福建梦——对家乡的热爱

"平潭应该是中国海运第一县，"林正佳说，"我们有岛民精神，走到哪就把根扎在哪，而且敢于拼搏求成。但是我们也有思乡之情，珍视福建文化，所以几百年来福建人无论走到世界上什么地方，只要发达了，就会回来帮助建设家乡。热爱祖国是传统中国文化的基础。"

林正佳的看法使我想起英国爵士亨利·诺尔·肖尔 (Henry Noel Shore) 1881 年写到的福建人对家乡的热爱：

> ……许多（福建）人在移居的国家安顿下来，但积累了一定资产后返回家乡者亦不在少数；实际上，由于中国人眷恋故土，部分人为了死后能入祖坟，在经济条件允许的情况下，会特别强调对遗体作防腐处理，送回籍贯地埋葬。[3]

"我明白为什么平潭人擅长航运了，"我告诉林正佳，"你们天生擅长航海。但是平潭掌握了中国 70% 的隧道项目，这又是为什么呢？"

"两个原因，"林正佳说，"首先，战争年代我们在坚硬的岩石中挖地下掩体，所以很擅长和石头打交道。其次，我们没有其他挣钱的路子了。挖隧道太危险，别人都避之不及，但平潭人什么都敢做。于是，

---

[3] 见英国皇家海军爵士亨利·诺尔·肖尔《田凫号航行记：一位海军军官在中国、中国台湾和日本的随笔》，Longmans, Green and Company 出版社 1881 年版。

这些年来我们不仅掌握了技术和工艺，而且加以改良，如今隧道挖掘已成为平潭最大的产业链。

"20年前，我在延安第一次挖隧道，过程艰苦又危险，和挖矿差不多。我们用手挖1米，用木头把洞撑起来，然后再挖1米。没有拖拉机，就用垫木运渣土。一天只能挖几十厘米，不知多久才能挖出1000米的隧道，要是遇到山体滑坡，我们连一点保障也没有。但我不断学习新的隧道挖掘技术，采用了更快、更安全的新奥连续隧道施工法。在甘肃，我一天最多能挖12米。现在回想起来，都不知道当初是怎么做到的。"

"说不定你用功夫拳打了石头？"

林正佳笑了，出了一记快拳，差点儿就要打到我的胡子，吓坏我了。"现在一个月挖几十甚至上百米对我们来说已是家常便饭。我一直在学习，但凡见到新设备就买下来，哪怕是国企没买的设备我们也买。我这么做是为了建设品牌，只有不断进步才能把品牌建设好。我们的名声越来越响，拿到了更好的项目，也招到了更好的工人，工人们都需要可靠的工作，而他们都知道林正佳的队伍靠得住，讲诚信。"

齐心协力，迎战巨头

"不过，作为一家小私企，我们总是要与国企巨头竞争，而且我们不像他们，我们没有母公司的保护。银行不会放贷给没钱的人，我们只能向家人朋友借钱。但是，我能在业内成功打拼20年，是因为父母教我：'儿子，要做领袖，但领袖必须为人正直专一。'我们农村家庭总是互相帮助。我小时候，街坊邻居都像兄弟姐妹一样亲。假如你家出事了，我没有帮你，那我肯定会过意不去。父母还教给我不要怕苦怕累。要想领先，就必须走出去——但是走出去之后必须回到家乡。"

"于是我确实走了出去，20年的经历对我来说意义非凡。出去闯荡的第三年，我赚够钱买了一辆越野车，因为我得巡视工地，而去工地没有公路可走。那年我和我的司机开了13万公里，接下来一年开了11

万公里。2001 到 2002 年，我在青藏铁路上挖凿风火山隧道，这是世界上海拔最高的隧道。当时没人敢在海拔这么高的地方作业。没几天，我们的嘴就裂了。但我们的队伍在慢慢成长，团队凝聚力也越来越强。我无法亲自巡视每个工地，但我不断学习国内外最新的隧道施工方法和技术，持续改进。我们尽职尽责，进步迅速。我的公司起名叫'佳信海坛控股集团'，意思是以诚信为本的平潭家族企业。我差不多有 10 年没回家过年了，因为假期工程进度快，利润也来得快。"

中国首条海底隧道

"厦门翔安海底隧道工程挣得多吗？"我问道。

林正佳笑了："实际上亏了很多。一开始有 4 家公司竞标，后来有两家退出了。我们 1 个月才挖了 6 米，因为德国监理按书本知识指挥我们，并不符合实际情况。监理、施工队、设计队不是一家人，外国监理各执一词，互不相让，工程停了一两个月时间。我亏了 4 千多万元。最后，我和自己公司的人开了个会，提醒大家不要忘记福建人的座右铭'坚持就是胜利！'。我说：'这是中国第一条海底隧道，所以我们必须做到，而且还要做好。'最后，我们坚持到底，修成了隧道，领导来视察，很快通过了所有验收。这个项目没赚什么钱，但我学到了很多。为了提高自己，我去许多学校进修，包括清华、北大、长江商学院。2007 年，我的工作重点转向投资，到了 2011 年，我便专注于推广文化。"

林正佳自豪地笑道："现在变化可真大啊！为了和你环游中国，我得从日程中挤出 1 个月时间，但是我想看看我们建的隧道，亲眼见证我们努力的成果。这些经历非常打动我。就在 20 年前，中国高速公路总长还只有不到两公里，现在却已经有 12 万公里了！当时中国铁路总长只有五六万公里，如今已超过 14 万公里。短短 20 年就发生如此翻天覆地的变化，像我这样的 60 年代生人，能亲历这一切真是太幸运了。"

从商业到文化

"那么,你为什么现在专注于文化推广了呢?"我问道。

"钱是从社会赚的,"林正佳说,"自然就要回馈给社会。我们肚子填饱了,现在需要精神食粮。我拍摄了一部关于南太平洋南岛文化的纪录片,并且为相关的纪录片捐款上千万元。我还拍了一部关于陈嘉庚的纪录片,他最初也是以劳工身份开始奋斗的。这部纪录片用60集的篇幅拍摄了大约1000人,讲述海外华人外出闯荡,最终回来办学修路,帮助建设家乡的故事。我打算一共拍100集。"

作为一名新加坡居民,林正佳严格来说也是一名海外华人,但他多数时间都在大陆度过。2012年以来,他更是加大力度保护和复原平潭文化。"我坚决支持开发平潭,但我们也需要尊重和保护传统文化。2012年,我的提案被否决了,好在习近平主席2014年到访平潭,用一句话改变了一切。"他说:"不能毁了'真宝贝',引来'假宝贝'。那之后,《人民日报》《福建日报》报道了我的提案,政府也给予了支持,最终我的提案被评为十大优秀提案。"

"石头是平潭的文化,"林正佳说,"象征我们顽强不屈的精神。而且石头也是我们与台湾共同的文化。台湾有很多和平潭一样的石屋。只有平潭人和台湾人会造这种屋子。这需要专门的技艺。"

林正佳将习近平主席的"一带一路"倡议视为宣传文化交流的途径。"近年来,我一直在推广'一带一路'倡议。既然中国的公路建得这么好,我希望中国的文化也一样发展好。

"真正的国际语言不是英语,"他说,"也不是别的什么语言。文化是唯一真正无国界的跨国语言。多年来,我始终致力于向世界推广中国文化,但文化的交流必须是双向的。我还希望把世界文化引入中国,于是我捐资创办了中国国际文化交流基金会。一个真正的新时代需要新思维,而新思维来自双向、综合的文化交流。"

"那么,世界能从中国文化中学到什么呢?"

林正佳笑了:"我认为中华民族的卓越之处在于吃苦耐劳的精神。我们不怕苦不怕累。这种精神是中华民族应当坚持的。为什么六七千万华人在海外过得这么好?因为他们有这种精神。他们努力奋斗,谋求成功,热爱家乡。所以中国人没有理由不成功。"

卓越文化,领袖人物

这些年来,我读了历史上很多杰出海外华人企业家的传记,他们没有接受过教育,或是只接受过很少的教育。他们积累了大量财富,不仅用来帮助家乡,而且还用来帮助他们的定居国。在与林正佳先生一同探索中国之际,我可以清楚地看到,当今一代企业家和他们的祖先一样能干,他们会继续为中国乃至世界带来财富。正如美国牧师麦克雷(Maclay)1861年所写,中国人移地定居而不征服,往往利用其"软实力"成为定居地的"领袖人物"。[4]

麦克雷1861年所写的"软实力"久经考验,时至今日仍是一股强大力量,因为它得到了教育家们的传承,这些教育家们既拥有传统道德观和价值观,又在教学上高度创新——比如我们在北京拜访的胡敏教授。

新航道教育集团首席执行官胡敏教授是目前中国最受尊敬的教育学者之一,但曾经要不是有一位乡村教师出手干预,他甚至连高中都读不完。

---

[4] 见 R. S. 麦克雷牧师《在中国人中生活:中国传教活动及前景的特色速写和事件》,Carlton & Porter 出版社,1861年版。

04

胡敏：学者企业家

> 据说中国的书籍比其他任何国家都多。我无法判断这一说法究竟是真是假，但中国无疑拥有海量文献。北京城里有好几个街区是专做书籍生意的。翰林书院[5]内有上千卷书籍。其中一部著作共有 23,633 卷……[6]
>
> ——田夏礼 (Denby)
>
> 1906 年

在柏拉图笔下，聪明能干的"哲学王"主导着幻想中的乌托邦精英统治。200 年后，中国建立起了现实的精英统治——选贤任能，由正直高尚的领导者来治理五六千万人。这种古代的精英统治以儒家教育和道德观为基础，一直延续至今。而未来会如何呢？当我见到富有远见卓识的新航道教育集团创始人胡敏教授时，我看到了教育的未来。

如今，中国有超过 5 万种英语教学课程，而在 1999 年，胡敏一手建立了雅思 (IELTS) 在中国的培训体系，将中国的英语标准提到了一个新高度。他飞往英国，大胆地告知雅思全球负责人，"雅思会异军突起，成为中国耀眼的明星"，随后回北京组织优秀教师团队研发出国内第

---

[5] 翰林书院：中国唐代开始设立的各种艺能之士供职的机构。
[6] 见田夏礼《美国驻华公使十三年》，(《中国及其人民：美国外交官的观察、回忆和结论》，卷二，L.C. Page and Company 出版社，1906 年版)。

2019年7月7日,在北京采访新航道CEO胡敏(摄影:朱庆福)

一套雅思教材。

如今,雅思在中国开设有74个考试中心。2017年,全球300万雅思考生中逾50万来自中国。但已被媒体称为"中国雅思之父"的胡敏坚决反对只教授"考试技巧"。"为什么中国人学了10年英语却还是不会开口讲英语?"胡敏问道,"英语学习应当培养实际能力,而不仅仅是应试的捷径。如果英语能力已经深入骨髓,自然可以轻松通过考试!不过,就像工具不用会生锈,英语这种工具也必须经常使用。"

全球胜任力

胡敏最具影响力的创新大概便是强调要培养年轻人的"全球胜任力",让他们做好充分准备,以应对中国国际地位日益提升带来的挑战。不过,胡敏帮助年轻人着眼未来的同时,也坚持主张年轻人要牢牢扎根自己的传统与文化。"我鼓励学生出国留学,但要先打好文化和学习基础。"为此，胡敏筹备了别具一格的"用英语讲中国故事"系列活动，包括与中国教育电视台(CETV)合作电视节目，举办全球讲故事大赛，组织戏剧表演，推出图书等。

如今，胡敏已身处所谓的"百岁生涯第二章"，然而他的日程仍旧排得满满当当。因为他"永远18岁"：

"永远保持18岁的心态，因为18岁有天真、淳朴、阳光的心灵，同时享有成年人的一切权利，还有对知识充满饥渴的大脑以及对生活、对未来的如火激情。"

不过，胡敏小时候对知识并不饥渴，直到一位乡村教师两次插手了他的生活……

对胡敏影响最大的人

胡敏1964年出生于毛泽东的家乡湖南，回想起儿时的冬天，往事仍历历在目。那时，为了到村里的学校上学，他得脱掉鞋子，赤脚过河，两只脚都冻僵了。每天这样艰难跋涉是种残酷的折磨，对不怎么爱上学的孩子来说更是如此。"上初中时，我太顽劣了，学校最终决定开除我，但有一个老师替我求情：'人生几十年，谁能料定胡敏未来会怎样？他还小，我们应该再给他一次机会。'"

"陈春安老师是对我一生影响最大的人，"胡敏说，"我努力不辜负他的期望。幸运的是，高中时也是他教我。那时我对英语没兴趣，但是老师在班上说，要是备考再用功些，他会给更多人奖励。他说这话的时候眼睛看着班里的每一个人，但是当他和我四目相对时，我感觉他只跟我一个人讲这些话。考试结束后，陈老师让一个同学来找我，说让我上他家去。我犹豫着，心想这下麻烦了，但那位同学坚持让我去。到了陈老师家，陈老师对我说：'我和妻子要去县城看电影。你留下批卷子吧。我准备了些零食。'之后他们就走了！"

"同学们鼻子贴着窗户，在老师家外面看我批卷子。'我多少分？'

他们问。老师回来后，我问他为什么让我批卷子。他说：'因为你的答案就是标准答案。'老师的肯定比任何奖品都珍贵得多。他让我知道了教育最大的目的是改变人的命运。"

15 岁上大学

1979 年，15 岁的胡敏和陈采霞（后来成了胡敏的妻子）双双考入湘潭大学。19 岁时，胡敏开始教书，不过我很好奇这位曾经的顽劣少年当老师会是什么样子。见到湘潭大学文卫平教授后，我找到了答案。文卫平教授是"国家教学名师"，胡敏的大学同学，后又成为同事，前前后后他们在一起 15 年之久。

"我很了解胡敏，"她说，"我个人认为，他的成功是必然的。他和妻子陈采霞是我们班上年纪最小的，但胡敏很有见地，很上进。比如，我们同学都选择去桂林实习，因为那边风景美，但胡敏就选择在湘潭本地的学校实习。这就能看出他的个性和决心。别人都不怎么做学术研究，胡敏却总是先人一步，编教材、写论文。这也是为什么他能在 28 岁就成为中国社科领域最年轻的副教授。也正是凭借这种远大目光，他才最终形成了'培养具有全球胜任力的中国青少年'的理念。"

"胡敏还是一个有大爱的人。在我们的校友中，他不是最有钱的，但却是最慷慨的。他在全国各地的学校开设奖学金，乐于奉献，对自己却非常严格、节俭。比如，我在国外的时候，他只用微信和我通话，就算网络不好他也只用微信，因为他不想浪费钱打长途电话！他慷慨地请朋友吃大餐，但会把剩菜剩饭打包带回家，不浪费粮食。这些事情都体现了他高尚的人格和价值观。"

在北京白手起家

1994 年 9 月，胡敏从湘潭大学来到北京知名的院校——国际关系学院，他在这里迅速崭露头角。但北京的生活一开始却并不容易，他的湖南乡下口音太过浓重，就连北京的铁路工人都把他当成乡下民工。胡敏说，"从到北京第一天起，我就决心要成功。"

随着他的学生出人头地，胡敏很快获得了荣誉和认可。但是36岁那年，他突然意识到，离70岁退休已经过了一半时间了。"退休前我还能教多少学生？"他想，"要是做私立教育，我就能教更多学生，还会有无数读者。"于是胡敏递上辞呈，这令领导大为震惊。

"你可得想清楚了！"领导对他的明星教授说，"辞职可不是闹着玩的！"朋友们也很惊讶，他们劝胡敏的妻子先稳住工作，好歹有个保障，但她太了解胡敏了，便也辞去了工作。

胡敏去了新东方教书，一路晋升，成为首席执行官（CEO）。40岁时，他辞职在北京知春路的一座小民房里创办了新航道。如今，新航道已拥有超8000名员工，出版图书逾500种，供300家学习中心、40家全球分校的超10万名学员使用。

"我明白为什么你的座右铭是'我坚持，我成功'了！"我说，"现在你的确是成功了，但是以前遇到过什么困难吗？"

怀疑与消沉

胡敏沉重地点了点头："白手起家创业很难。这个世界有很多梦想家，但是有多少能坚持奋进，最终为社会创造价值，为自己创造财富呢？新航道创办于2004年10月，但是到了2006年年底，我感到极度消沉，因为我们没钱了，团队人心涣散；再加上当时全社会都在做英语培训，市场竞争异常激烈。我感到绝望，最终彻底崩溃了。"

胡敏教授顿了一下，仿佛往日的记忆仍旧令他痛苦："现在我可以平静地回忆这些往事，但在当时，我很绝望。春节时，我让妻子和儿子回湖南老家一星期。'等你们回来，'我说，'新航道就将不复存在。'当时我真的很想放弃。在大学，在商界，我已经有了荣誉、嘉奖、财富。为什么从头再来这么难？我想不明白。"

"我把自己单独锁在屋子里，一星期没出门，每天我都问自己：为什么一个 40 岁的人要这样从头再来？我当时心里想的是什么？就像习近平主席常说的，'不忘初心'。"

"为什么创办新航道？事实是，即使到现在，多数培训机构也都在迎合学员。你想要分数，我就给你分数。但是，一家企业必须找到客户最大的痛点，对于学员来说，痛点就是他们不能用英语交流。教应试技巧来提高分数是治标不治本，就好比药片可以缓解感冒，但只有靠体育锻炼才能强身健体，防止再感冒。我创办新航道是要通过提升能力，自然而然地提高分数，最终达到标本兼治的目的。但我的初心是正确的吗？"

牢记初心

"为这件事我痛苦了好几天。是放弃最初的梦想，还是坚持理想？成功需要正确的初衷，适合的团队，以及志同道合的投资人。投资人之所以会给你投资，是因为他们与你有共同的梦想，而你做的是正确的事情。我最终想明白了，只要我的初衷是对的，就没有理由会失败。于是我决定打起精神再出发！"

"我感觉犹如重生，充满活力！大多数企业在营业第一年就倒闭了，而百分之八九十的企业都活不过第 3 年。但是到第 3 年，我们的业务蒸蒸日上，因为我们坚持为学员做正确的事情。"

这个顽劣的乡下孩子（他承认自己现在比以往更顽劣了）不断奋进，并因为在教育领域中作出巨大贡献而屡获殊荣，其中包括英国文化协会全球"雅思考试 20 年 20 人"杰出贡献奖和"改革开放三十年北京教育功勋人物奖"。不过，胡敏毫不犹豫地承认，他的成功不仅仅归功于自己的努力。

"40 年来，我一直在思考，假如没有改革开放，我的人生会怎样，"

胡敏说,"我可能现在还在乡下种地,而不是创办新航道。难以想象!"

新使命

"中国有很多英语培训机构,"我说,"新航道有什么独到之处?"

"教育必须要有一种使命感,"胡敏说,"很多人学习外语是为了出国或移民,但我仍然记得小时候光脚蹚过冰凉河水的日子,如今我在中国家庭幸福,事业有成,日子只会越过越好。所以新航道不仅要充分满足学员的学习需求,而且还要帮助学员了解和重视自己的国家与文化。只有文化自信才能帮中国人更好地融入当今全球社会——但是在外留学的中国学生有一个大问题。中国的文化和礼节让他们能够恭敬地去了解所在国,但他们没有分享中国故事,因为用英语讲中国故事很难,他们也没有这方面的准备。即便是一些住在中国的外国人往往也对我们国家知之甚少。"

"新航道大概是第一个强调青少年要学习中国传统文化的教育培训机构,但我们希望更多人能加入我们,"胡敏说,"中国越发展,就会有越多人想要了解中国。如果我们能够唤醒青少年的文化意识,那么整个世界都将受益。这有助于让世界了解中国,让中国了解世界。"

"用英语讲中国故事"

为了帮助中外人士进一步了解古今中国,胡敏的中外专家团队推出了"用英语讲中国故事"项目,还出版了配有优美插图的《论语》《道德经》《孙子兵法》新译本。胡敏最有影响力的作品大概要数《全球胜任力:面向未来的青少年核心素养》了。

"在当今全球世界,"胡敏说,"没有文化交流就想建设更好的世界,无非是空谈罢了。只有互相理解、互相包容、互相尊重,我们才能和睦相处,共同工作和生活。技术可以量化为数字和公式,但文化软实力只有通过人际交流和互动才能得以发挥。所以我的后半生就专注一件事——培养青少年的全球胜任力——他们需要的不只是书本知识和分数。我们既要扩展青少年的全球视野,又要夯实青少年的中国传统文化功底,培养他们发展的软实力和硬实力。我对这件事情非常期待,因为 21 世纪完全不同于 20 世纪。这是全球化的时代,还有很多事情要做。"

人类命运共同体

胡敏说,"我喜欢习总书记'人类命运共同体'的愿景。中国和所有国家地区必须共同发展。一个国家若只顾自己发展,忽视其他国家和地区,那是没有未来的。"

"习近平主席常说,求同存异,天下一家。正如一位英国汉学家最近所说,很多国家的发展靠的都是战争、掠夺、侵略,但中国从不认同对其他国家的侵略和压迫。我们始终追求和平,中国人对未来充满信心,因为我们有耐心,有毅力,我们相信只要秉持善意,善待彼此,我们都能过得更好。"

我对这位儒商企业家还有最后一个问题:"你说过改革开放令你获益匪浅,可是当今青年还有像你当初那么多的机会吗?这个问题对我很重要,因为我给中国青年教授商科课程。"

胡敏的五大成功法宝

"未来只会越来越好,"胡敏说,"只要你掌握了这五大成功法宝:

"第一,专注战略!专注是件再自然不过的事了。要对自己有个明确的定位,要清楚地了解:我是谁。我们如何与 50,000 家英语教育机构竞争?很多时候,决定不做什么比决定做什么更重要。

"第二,差异化竞争。新航道不是第一个做英语培训的,然而我们发现,很多学生都面临同样的困境。他们学英语许多年,却不能够做到学以致用。因此，我们不仅聚焦高分，还要聚焦高能，能力到了，自然而然就拿到高分了。

"第三，艰苦奋斗。世界是公平的。只要你付出，只要你努力，就会得到你应该得到的一切。

"第四，善于反思。了解你自己。时刻追问自己：我可以做得更好吗？

"第五，利益共享。虽然你创办了这个企业，但企业并非是你独有的。在创业初期，它应该是你和合作伙伴共同拥有的；在创业的中后期，就要为客户创造价值，为员工谋得福祉。比如，中国就在通过'一带一路'倡议与世界共享利益。"

我肯定会在我的领导力与战略课上借鉴胡敏的五大成功法宝！

就在我要离开新航道北京总部之前，胡敏说："全世界数十亿人，咱们两人相遇了，这是命运的安排。"对此我深表同意。我由衷感激的是，在命运的安排下，一位富有同情心的乡村教师干预了一个顽劣男孩的人生，而这个男孩后来又改变了百万青少年的人生。

我希望能为注定与我相逢的人做同样的事。

胡敏教授既是一名典型的儒家式学者，又是一名现代创新企业家。几天之后，我们在内蒙古遇到了一位铁匠，这位铁匠也颇具企业家风范，同时，他也是一位跳交谊舞的哲人。

05

崔锐：内蒙古的哲人铁匠

农村铁匠传承 1000 年前祖先的技艺，用锤子和铁砧在火上打铁。他们令我想起儿时喜欢的一首诗——朗费罗的《乡村铁匠》，摘抄如下：

> 一棵繁茂的栗树下，站着一位乡村铁匠，
> 这铁匠是个魁梧的汉子，一双大手精壮有力；
> 他的臂膀壮硕雄健，肌肉如铁条一般结实。
> 一头卷发又黑又长，面孔像削过的皮；
> 眉毛浸透诚实的汗水，他挣他能挣的，
> 敢直面整个世界，因为他不欠任何人。

可即使是朗费罗本人也无法想象出一个像崔锐这样的人。崔锐是家族第五代铁匠，他亲历了新中国的蜕变。他对我们说，中国取得了惊人进步，但"最好的日子还在后头！"

生在旧社会，长在新中国

崔锐站在他的铁匠铺门口，笑着和我们打招呼。铺子所在的这条街上，矗立着成排新建的传统风格木屋。他衣着朴素，店里到处是杂物，仿佛新中国成立之前就已经丢在那儿了。我压根儿没想到，这位衣衫破旧的店主不仅会制作刀具，而且还会制作宝剑和金属器皿的复原品，

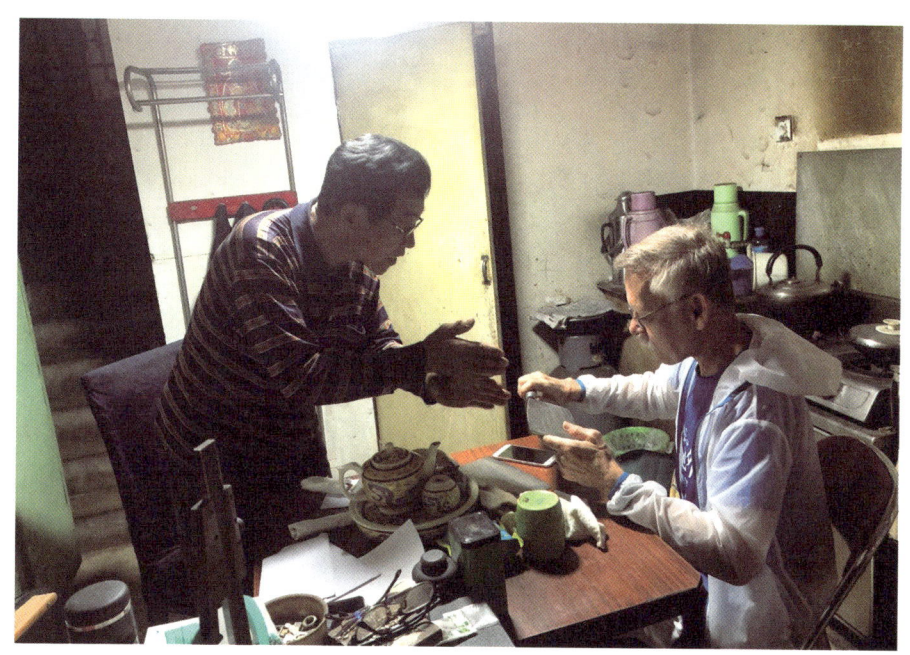

2019年7月10日，在呼和浩特采访铁匠崔锐（摄影：揭上锋）

这些复原品现已在中国一些顶级博物馆里展出，着实令人自豪。

崔锐请我们进铺子里屋，让我们坐在凳子上听他讲自己的故事。

"生活改善了很多，"崔锐说，"跟二三十年前很不一样了。那时候日子很苦，现在国家已变得繁荣富强。"

崔锐很直率地谈到了中国在逐步现代化和脱贫过程中犯过的错误和学到的经验教训，在他看来，转折点是邓小平的改革开放。"中国出了个伟人，"崔锐说，"邓小平同志领导中国人民，带我们开启新的征程。从那以后，一代又一代领导人前赴后继，带领中国走进更加先进、科学的时代。"

"我今年76岁了，"他说，"我生在旧社会，但赶上如今的好时代！以前甚至连主食都吃不上，更别提蔬菜了。如今，各种蔬菜水果供应充足，一年到头都能吃到。过去只有夏天才卖的蔬菜水果，现在冬天也有得吃。人民生活无忧无虑。退休工人和老年人也没有生活压力。"

当然，社会竞争激烈，不是每个人都没有压力。崔锐说："年轻人上大学竞争激烈，他们得下很大工夫准备考试。不过我还是觉得，如今的中国比过去任何时候都要好——未来可能还会更好！"

铁匠魂

退休后，崔锐试着干过许多事，但他最爱的还是打铁。"我是家族第五代传人，我家干铁匠这行有200多年了。道光末年，我的祖先在山西老家遭遇了旱灾。他一路乞讨，来到了内蒙古。学打铁出师后，他成了家，但是后来他抛下9岁的儿子回山西去了。"

"他的儿子也做了铁匠学徒，自己开了铺子，育有五儿二女。铁匠营生一代代传下来，一直到解放。"

"我爷爷有9个孩子，4个选择做铁匠。我爸爸和叔叔都是铁匠，他们把手艺传了下来。到我这是第五代了，我和我的5个兄弟都是铁匠！"

新中国成立后，崔锐和他的兄弟在国有工厂上班，不过，"改革开放后，工厂关门，市场经济取代了计划经济。我们自食其力，靠打铁为生。"

我想知道，像崔锐这样的人是不是更喜欢计划经济下的保障，而非市场经济下的竞争压力，但崔锐却表示很感激这些变化。"我们的生活发生了巨大改变，"他说，"从没有到有！我们从贫穷走向富裕，确实尝到了改革开放的甜头！"

崔锐的热情是有感染力的。我可以想象请他在厦大给我的学生做励志演讲的样子，因为这位第五代铁匠传人不仅熟悉当地的变化，而且对整个国家的变化也很了解。

"当然，我们听广播、看电视了解到国家的发展、政治形势的发展，还有各个方面的发展，我们都非常自豪，"崔锐说，"我76岁了，尽管已经到晚年，但幸福新生活的乐趣仍令我感到新鲜。"

本已人到暮年，崔锐却没有放慢步伐，对自己职业和国家的自豪感驱使他不断向前。

没有菜刀可做不成饭！

"作为一名中国人，"崔锐说，"我很自豪也很幸福。作为一名铁匠，我必须把自己的事业干下去。我主要做刀和其他物件，都是老百姓用的。"他掂着一把很称手的刀，笑道："家家户户都要做饭，没有菜刀可做不成饭！"

崔锐做的菜刀，刀锋锐利，木刀柄雕刻精美，可谓是艺术品。商店里那些批量生产的便宜刀具不可与之相提并论。在我小时候，祖父曾送我一把珍珠镶柄的刀，所以我打儿时起就喜欢刀。我掂了掂菜刀看称不称手，崔锐一定是看出了我的欣喜之情。"这把刀就送你了！"他说。遗憾的是我不能收下，因为在西部我得乘火车，带刀过不了安检。不过我希望将来有一天能回来拿这把刀，把它传给我自己的孙子。

崔锐对于自己的工作，尤其是对于保护祖传手艺，特别热心。他把手中的菜刀翻了个背，叹了口气说："我祖上有许多绝妙的打铁技艺现在都失传了。我努力复原这些技艺，让一些失传的技艺重获新生。我想把它们传给子孙后代。当今社会的繁荣给了我创新和创造的自由。"

"过去，我爸爸和我叔叔非常聪明，技术特别好。和我一样，他们想做出点特别的东西，但是生活所迫，他们不得不放弃。家里有五六个孩子，一家八九口人，只靠一个人干活挣一点工资，光是维持生计都费力。"

回忆往事时，崔锐皱起了眉："人人都吃大锅饭。勤快人做得多，懒人做得少。到了改革开放，我爸爸和叔叔都已经步入晚年。他们培养我们确实花了心血，所以为了他们，我们这一代人必须用心工作，创造出他们没能创造出的东西。"

跳交谊舞的铁匠

这名76岁的老人笑着拍了拍胸脯说:"我身体很好!所以我必须好好利用改革开放的机会。我们吃得好,住得好——生活非常好!"

生活确实很好,这名乡村铁匠的社交生活很丰富。"我虽说是个铁匠,"崔锐说,"但也可以有自己的爱好和文化生活。比如,我很活跃,坚持锻炼身体,也练武术。我年轻时就想学武术,可是生活压力大,没办法学。我现在还跳舞,都跳上交谊舞了。每天晚上都在大召广场跳交谊舞。生活非常丰富!"

并非所有的同辈都像崔锐一样赶上了今天的好日子。"我是过上了好日子,但我们这辈人很多没能赶上,他们有的生病早早去世了。我每天干活,不过不是因为缺钱。我每天想做什么就做什么。"

再现传奇技艺

打铁、练功夫、跳交谊舞似乎还不够这位76岁的"年轻人"忙的,他还有余力制作金属文物的复制品,工艺精湛,可供博物馆展出。"我在博物馆待过一段时间,策展人让我复制一把康熙年间的古剑。古代只有宫廷铁匠才懂得铸这种剑的技术。"他指着造型优雅的铜镶金和镀金银说,"这是传统中国工艺,我到那家博物馆时,这项工艺已经失传了100年了。策展人请我复原铸剑技术,因为他们不敢公开展出真正的康熙古剑。最后,我成功复原了这项铸剑技术。他们给了我80元劳务费,但我不在乎酬劳多少,因为我为国家复原了一项宝贵的工艺。这把康熙古剑可以轻易斩断金属丝。它是通过再现古代传统工艺制成的创造性作品。"

有其父必有其子

如今,年轻人大多不愿意花多年时间去学习挣不到钱的传统手艺。

所以我问崔锐："您把自己的技术教给孩子了吗？"

崔锐自豪地咧嘴一笑："我儿子接手了！在博物馆的时候，我复制了他们所有的铁器展品。我的一些作品在内蒙古自治区成立30周年庆典期间售出，很多外国友人也来购买。"

"您的儿子也会做这种复制品吗？"

"是的，"崔锐说，"他现在也能做。他十三四岁就开始做学徒，今年48岁了。他打理我们的打铁铺，有一家自己的小作坊和一家零售店。我的学徒们——他们以前和我儿子一起学——现在打出铁器就在他店里卖。"

两大财富，揭秘人生

崔锐似乎有着无穷的精力与热情。"您今年70多了，怎么看上去还是那么年轻？"我问道。原来，这位乡村铁匠也是一名哲人。

"好身体，好心情！"他说，"人生有两大财富，一个是身体，一个是心情。没经历过艰难岁月的苦，就尝不出今天幸福生活的甜。一些年轻人不仅不努力，还埋怨父母、家庭甚至社会。实际上，他们不努力是因为从没吃过任何苦头。他们没挨过饿，不像我们。"

"过去，铁器活儿全靠人力。从早晨到中午，我从头到脚都是汗，饭吃不饱，饿得腿软，走不动路。人一天需要700—900克食物，而我只能分到200—250克，而且早上没得吃。现在，早餐大家都吃鸡蛋、牛奶等等，可以摆满一大桌。在真正的艰苦时期，我们被派到乡下，那里日子更难过。鼓风箱，抡大锤，整整一天下来，人又累又虚。我们累得气喘吁吁，上气不接下气——不像现在，很多人都大腹便便。当时全国都困难，不仅仅是内蒙古，到处都是这样。自然灾害把每个人都饿坏了。"

追忆过去时，铁匠热情洋溢的面孔阴沉了片刻，但之后又容光焕发，哲人的光彩又回来了。

"不过那都是历史了。我们这代人说起这些事,还都记忆犹新,但是对年轻人来说,这些都只是故事,或许还经过一番添油加醋。如今的年轻人没喝过用糠和树皮熬的汤。汤里没有鸡蛋,也没有别的料,只有水,加一点酱油上色,点一滴油,再放一点大葱和一点盐。这东西不好消化,我们身上起疖子,严重到连椅子都没法坐。"

说到这里,崔锐停了下来,整间屋子鸦雀无声,我们都想起他们这一代人所经受的苦难,距今也不过短短几十年。崔锐又咧嘴笑道:"中国未来还会更好!"

我们的会面即将结束,我用微信"扫一扫"把崔锐添加到通讯录,方便今后保持联系。我们还在他小小的铺子前合影留念。

我们驾车离开,崔锐向我们挥手,直到我们驶离视线。此时朗费罗《乡村铁匠》的最后几行诗句又鲜活地浮现在我的脑海:

> 谢谢,谢谢你,我可敬的朋友
> 为你带来的教益!
> 在熊熊燃烧的人生锻炉中
> 我们的命运必将得到锤炼;
> 在铿锵作响的铁砧上塑造出
> 每一次炽热的行动与思考。

崔锐的故事不仅在我遇到的内蒙古人身上非常典型,而且在全国各地的人身上都非常有代表性。当天晚些时候,我在一位蒙古族母亲家里吃晚餐,这位母亲非常有创造力,她住在偏远乡下,靠制售传统蒙古点心供女儿在厦门大学读书。

朗费罗若是认识这位母亲,也会为她作一首诗吧。

我活得越久,就越是同意马克·吐温所说的"没有无趣的人生"——尤其是在中国。

我无法想象，有哪些故事会比我在厦门和内蒙古两地听到的十几个故事更激励人心。不过最动人的要数田野先生的故事，他是一位富有同情心的年轻领导人，一生致力于让一方土地脱贫，而这片土地甚至连联合国教科文组织都曾经不抱希望。

06

田野：让宁夏的"井底之蛙"重见天日

1994年，我驾车游历中国西北部的宁夏回族自治区，那时宁夏是中国乃至全世界最贫困的地区之一。这个干旱少雨的省份饱受荒漠化之苦，基础设施严重落后。盘山土路蜿蜒曲折，我驾车翻山越岭行驶数小时，路过一个又一个小村庄，村民们都住在土房子里。

尽管这里的贫穷令人心碎，但当地人却开朗乐观、态度友善，假如没有他们的帮助，我可能永远无法走完4万公里的旅程。在我们为期3个月的旅程中，有一次，我们的面包车彻底坏了——那是在宁夏，一个没有月亮的夜晚，就在我们即将到达一个隘口时，车子抛锚了。我摸黑沿着U型弯道倒行下坡，把面包车滑到一小块平地上才停下来。但缘分使然，就在驾驶室车窗外仅两米的地方竖着一个小小的牌子，上面用油漆写着两个字："修车"。当时已过午夜，不过还是有一位干瘦的老人家推开了吱嘎作响的木门。他揉着睡眼，仔细看着我，问道："你不是本地人吧？"

"是的，我从福建来，"我说，"要去西藏。"他点点头，之后二话不说，帮我把面包车推进了一个院子里，那儿满地是老旧的汽车零件。他看上去不像是修车工，更像是农民。不过，人不可貌相。修理间的粗木墙上钉着几张奖状。才几分钟，他便找到了问题。两小时后，他从车下爬出来，擦了擦沾满油污的手，说："我这儿没有合适的零件,不过车子至少能撑到兰州的修理中心。"

我实在是太感激了,无论他开多少钱我都愿意付。显然,他生活贫困,而我们家境富裕(至少在他眼里是这样)。尽管如此,他还是只要了几块钱工钱,说什么都不愿意再拿更多,而且还抱歉地说他这里东西不全,没法把活做好。

宁夏扶贫之路

我们遍游宁夏各地,见到了很多像这位修理工一样的好心人,他们深陷极端贫困,令人痛心。当时,我们无法想象他们的生活会在短短 25 年里发生怎样的变化——其中一些变化要归功于福建省。

中国之所以能如此迅速地应对贫困问题,依靠的不仅是自上而下的领导和自下而上的基层行动,还有横向支持,即富裕省份与贫困省份的对口帮扶。1996 年,我们宁夏之行两年后,时任福建省委副书记的习近平率一支代表团赴宁夏探索扶贫之路,他们扶助的地区甚至被联合国教科文组织列为世界最贫困的地区。1 年后,习近平提出了一项迁居计划,将整个村子从西海固等土壤最贫瘠的地区迁移到土地较为肥沃的地区。到目前已有超过 100 万人受益于这项计划。该计划取得了巨大成功,后来在全国范围内得到推广。

2019 年 7 月,当我们驾车驶过宁夏时,我简直无法相信这是我 1994 年走过的那片荒地。通过建设壮观的跨谷大桥和高科技隧道,宁夏现已构建起纵横交错的现代公路与高铁网。长长的隧道墙上装有特殊灯光带,采用投影成像,防止司机在穿越几十千米的山洞时犯困。

大学与宁夏的合作

令人印象更深刻的是宁夏做到了绿色发展。许多原先荒芜的山坡上如今已是绿草如茵,玉米田、果园连成片。

宁夏现在也已成为制造和研究中心,我看到了由厦门大学建设的几栋建筑,深感自豪。厦门大学与宁夏已合作多年。来宁夏的第二天,我遇到了五六个厦门大学 OneMBA 项目的学生,他们刚从福建飞过来调研一个新项目,我的喜悦之情溢于言表。

1958 年以来,宁夏共有 330 万人摆脱了贫困,其中 21.8% 是在最近 5 年中脱贫的。不过,比数字更动人的是关于人民生活变化的第一手资料——以及像田野这样的年轻领导的故事。田野是一名当地人,大学毕业后,他放弃在西安的优厚待遇回到家乡,帮助陪伴他长大的父老乡亲摆脱贫困。

田野——一腔热血为扶贫

田野出生于宁夏隆德县。在他小时候,父亲在前进村水利局工作。这个小村庄坐落在山谷深处,交通闭塞,是全县最贫困的两个村子之

2019 年 7 月 15 日,在宁夏回族自治区采访扶贫干部田野(摄影:揭上锋)

一。"2002 年我上大学时，村里的水库快建成了，还修了一条路。"田野回忆道，"我离开时不知道自己是否还能再次见到这个村庄。"

田野大学毕业后回到了家乡，2015 年 9 月，他被派到福建长乐挂职锻炼。"2016 年 6 月，我回到家乡。让我惊讶的是，上级派我负责全县最穷的两个村——前进村和新庄村的扶贫工作！2002 年我离家上大学时，前进村几乎所有的屋子都是土房。2016 年我回来时竟没有丝毫变化！不过，我变了。尽管我还认识家乡的人，他们却认不出我了。所以我刚开始工作时并没有告诉他们我是在那儿长大的。"

土房危房改造

"当时，全国都在重点关注扶贫，而这里最重要的任务是改造土房。在下了 40 天大雨之后，我们的赈灾队发现，有一家人挤在一间屋子里，屋子的土墙都已被水浸透。我们恳求他们离开屋子，免得房屋倒塌后被埋在里面，但他们不肯。最后，我们别无选择，只好强迫他们出来。刚把他们接出来，湿透的土墙就倒塌了，尘土飞扬，形成了一小朵灰色蘑菇云。"田野说。

对于土房的危险，田野并不陌生，他就是在土房子里长大的。"记得有一年下大雨，我们在姑妈家做客。我母亲和我兄弟先回到家，我因为下雨落在了后面。他们到家时，我们家土房子的门倒了。母亲很担心我回家时被门砸到，于是她站在楼上房间的桌子上等我回来。"

1994 年的一天晚上，田野的父亲回到家，对妻子说："很多村民都盖了砖房。只有咱家，还有一个贫困户还住土房子。你说要是我们不重建房子，首先，村里其他人会看不起我们；其次，这房子赶上下雨实在不安全。"

"我爸抽了一整晚烟，把这件事想了又想，早晨起来，他已下定决心要盖一座砖房。"田野回忆道，"两年后，房子盖成了。我当时只有12岁，但住进新房时那种骄傲的感觉我至今仍清楚地记得。后来，我开始负责扶贫工作，帮助人们修建新房，我感觉像我爸1996年盖好新房时那样骄傲，一模一样！"

不修路就不盖房

县里下了指示，要求盖安全干净的砖房来取代土房危房。开始执行命令时，田野以为村民们会很感激，但令他意外的是，他遇到了两个问题。一是村民们说没钱盖新房。二是村民们不太相信土房很危险。田野摇了摇头，难以置信。"我们亲眼看到土墙被大雨浸透之后无法承重，最后倒塌。但是村民们无法意识到其中的危险，不想把自己辛苦挣来的一点钱浪费在盖新房上。他们不明白这样做有什么意义。"

田野坚持道："县政府说所有人必须拆土房，盖砖房。现在国家政策和补贴都很优惠。不抓住这个机会，以后可能就再也没有这么好的机会了。"

村民最终说道："好吧，田书记，我们可以盖房——但是您得先修一条硬化路，通到我们村里来。"

"我肯定会给你们修水泥路，"田野向他们保证，"但是时间不保准。今年不行，但是明年肯定行。这么大的项目得给上级批准。"

"不修路就不盖房！"村民们回应道，"什么时候路修好了，我们就盖新房。盖好新房却没有路，我们没法出入往来，那就没有任何意义了。"

田野承认村民们说的有道理，前进村是全县最大的贫困村。于是他赌上自己的名誉向村民承诺："我肯定会给你们修路。"

村里又下大雨时，田野带着县里的领导来到了前进村。"他们亲眼看到了村里的情况，都认为不能再这样下去了，"田野说，"于是就批准了修路的项目，村民们很高兴。"然而，即使有丰厚的政府补贴，也还是有一些人盖不起新房。

儿子都不在乎，你为啥要在乎？

"当时有一位大妈，她儿子因为父子有矛盾便不管她。大妈的小土房是清朝建的，墙上裂了大口子，非常危险，但是她和老伴都68岁了，没钱修房子。我每天劝他们盖新房，但大爷从没透露他没钱。他只是一再冲我嚷嚷：'不盖。就是不盖！'"

一开始，大爷甚至还咒骂年轻的田野；但是，慢慢地，村民们开始了解他，意识到田野是在努力帮助他们。老大爷心软了。他最终让田野进了屋。这位年轻的领导才了解到，这对老夫妻确实一贫如洗。

"别担心，"田野安慰大爷，"国家会给补贴的。钱不够的话我会请县扶贫办再拨一些。加起来是3万多——肯定够给您盖一间安全的新房。"

老人答道："我不想麻烦你。要是这土房倒了，我死了就死了吧。我儿子都不在乎，你为啥要在乎呢？"

田野执拗地说："我负责咱们村的扶贫工作，让您住上安全的房子是我的职责。我向您保证，我们会拆掉这间旧屋，给您盖一间安全的砖房。"

老夫妇最终同意了。村民们帮他们把家里的东西搬到了别的屋子。"拆除这间旧土房之后，我把这个特殊情况向上级做了汇报。领导回复：'优先办这件事。'于是我找了个工程队盖新房。包工头说：'盖这间房我赚不了钱。'村民们帮着四处拣不用的砖头，这才帮老两口盖起了新家。"

但是，新房盖好后，田野还欠着1万元工钱。他又一次来到县扶贫办。在确认老夫妻确实一贫如洗之后，领导说："扶贫助穷必须脚踏实地，帮助那些有迫切需要的人。这种情况确实是群众有迫切需要。我哪怕冒着被指控违纪的风险，也要拨下这笔款子。"田野很快拿到了1万元，结清了包工头的账。

没地方做饭

田野带一位负责扶贫工作的副县长来视察完工的屋子,他看得出大妈有话想对副县长说,于是问她有什么心事。

"感谢政府,这屋子住着很舒服,"她说,"可是没地方做饭。"于是田野马上找到另一家承包商,在隔壁盖了间小厨房。

"2018年上半年,"田野说,"那位副县长又来我们村考察贫困群众的情况。在我们村,安全的住房是扶贫工作的一个关键指标。因为之前一直是我负责扶贫工作,所以我亲自带副县长看了前进村的一些普通住宅,这样一来,如果真的看到什么问题,我可以直接处理。"

那时田野已经完成了在前进村的工作,到其他村子去工作了,再次见面,村民们都很高兴。"他们看到我,就握着我的手说:'田书记,半年没见了,最近忙吗?'之后大家就和我拉家常。每个人看上去都很开心。"

田野走访的最后一户是那对老夫妻的家。"我们一进门,大妈就握住我的手,声音颤抖地说:'我感觉自己可能活不过今年了,走之前能再看到你,真是太好了。你帮我解决了一个大难题。'"

死而无憾

副县长问她:"你们还有别的需要吗?"

大妈说:"没有了。我之前想要个厨房,田书记已经帮我盖了。今年能再看到田书记就够了,很满意。我日子不多了,没有遗憾了。"

"她说这些话的时候,"田野回忆道,"副县长用异样的眼神看着我。一回到车里,副县长就问我:'小田,你对基层工作怎么看?'"

"基层工作,"我答道,"必须脚踏实地,抓住每一个机会,因为只要错过一个机会,可能就无法轻易找到别的机会来帮助群众了。我们这儿的群众很好,不过我们往往用错误的方式接触群众。就像这位老大爷——他脾气差，一开始甚至都不让我进他家。不过，和他交谈很多次之后，他终于明白，我是真心想帮他。所以，在基层工作中，只要能找对方法，就肯定能做下去。"

田野负责的另一个村庄——新庄村，最初和前进村一样穷，不过新庄村的工作容易一些，因为村领导很能干，已经说服村民盖新房。但是，山的后面有两拨群众，都住在土房里，当地土地干旱，已经安排他们搬迁到土壤肥沃的地方。到第 12 个五年计划末期，搬迁工作仍然没有动静，田野插手了。和前进村一样，这些人最大的问题是没有路，于是田野又采取了已证实有效的策略。"我每天都带领导考察情况，直到他们批准修路。"

首先——把路修到家门口！

田野解释说，这样的策略之所以奏效，是因为所有领导都必须遵循严格的扶贫准则和政策，有责任带领家家户户脱贫。"领导们最害怕的，"田野说，"就是哪个村子扶贫工作做得不到位，或者是哪里的路没有修好。在修路时，一位扶贫办领导在会议上说，由于财政紧张，他们会先修主路，离每家每户的门口差不多两三米。但是我知道，等到后期再去修每家每户门口的最后一段路实际上更浪费，而且这么小的活儿可能没人愿意做。于是我告诉包工头：'先把路修到每家每户的门口。修完钱不够的话，我们再从县里申请拨款。'包工头同意了，整个修路工程一气呵成，效果也更自然。我们是全县第一个完全做到扶贫路'户户通'的村子，到 2018 年，旧房改造比例已达 90% 以上。之后，其他村子看到了我们的成果，都跟了上来。"

"村民的住房有了很大改观，这很明显，"我对田野说，"不过生活的其他方面是否也有了改善？"

"改变很大！"田野说，"尤其是吃的和其他方面。我记得小时候冬天只有菠菜和泡菜吃。多亏路修到了家门口，如今就连最穷的村民都能选择是自己种菜吃还是从市场上买菜吃。他们每天都能吃到新鲜蔬菜,想吃肉也都随时能吃上。过去,交通不便,我们很难吃上肉。但是路修好了,人们就有钱了。不想在家煮饭的话,可以随时去镇上下馆子。"

"那村民怎么挣钱呢?"我问道。

"现在有路,方便了,"田野说,"老百姓可以外出打工,1天挣100多元。以前路不好走,就算想去打工,光是翻山就得花一两个小时;如今到镇上去只需要10来分钟。现在路好走了,我们就能开展水产养殖,而且还能运输牛饲料。没修路时,假如你想养10头牛,你都没办法把饲料运过来。如今就算是养了20头牛,你都可以很顺利地把饲料或其他需要的东西运过来。而且国家有补贴。养母牛或者生了小牛犊,国家会给补贴的。国家政策很优惠,给了老百姓一个发家致富的机会。"

"我们鼓励老百姓创业和申请商业贷款。国家会帮他们还利息。有了贷款,老百姓可以在家养牛或者扩大耕种。大家抓住了这些机会,以前养两头牛的现在养了八九头。"

离家的路,也是回家的路

"修好路之前,人们背井离乡打工挣钱养家,不过仔细算一算,你自己还得吃还得喝,最后实际上并没有挣多少钱。如今很多人都回到家乡了。我们这边山很多,可以种草、种玉米,收成后可以用秸秆做牛饲料。很多人都养了不下6头牛。一年只卖2头,能挣3万元。外出打工,不吃不喝,一年也不过挣3万。现在在家就能挣得一样多,还可以帮着照顾老人小孩,累了还能给自己放假。没必要跑那么远,每天拼命工作把自己累垮。"

"我有个问题,"我说,"我昨晚给妻子打电话,跟她说我在宁夏。她想起1994年时我们看到很多人在路边卖老鼠。为什么要买卖老鼠?

你们吃老鼠吗?"

田野笑了:"他们不是在卖老鼠。他们是在用老鼠换免费的鼠药。小时候我妈带我到镇上买东西,我也很疑惑为什么有人卖老鼠。"

"这次没看见卖老鼠的了,"我说。

田野咧嘴一笑:"那是因为现在都是砖房,老鼠进不去,所以屋里几乎见不到老鼠了。"

田野并没有夸大其词。我见到的每座村庄都把混凝土路修到了村民家门口,家家户户都是砖房。房子不大(政府给每人补贴10平方米),倒也安全干净。而且这些住房可不是急功近利,盖得一模一样的"砖头盒子"。每间房子都有一些装饰作点缀,营造出简洁优雅的中国风韵。我后来在偏远少数民族地区见到了同样的特色装饰,比如在云南西部的傈僳族聚居地,当地政府将文化元素融入建筑设计,使得新房更有"家的感觉"。

不再是"井底之蛙"

田野和我们一起拜访了宁夏的农民和企业家,还一起参观了厦门大学帮助修建的一座商业中心。1994年以来宁夏发生的巨大变化令我大为赞叹,而宁夏人民的精神令我最为感动。他们乐观、从容,显然对近年来的红火生活感到十分自豪。我尤其高兴能有机会在一所初中做演讲,演讲结束后和孩子们合影留念。对我来说,孩子们明亮的双眼和欢乐的笑声足以证明宁夏人无论老幼都对未来充满信心。

"人民的生活在这么短的时间里发生了翻天覆地的变化。您觉得是什么原因?"我问一位老农。

"政府了解我们的处境,"他说,"领导也关心我们。路修好之前,我们就像井底之蛙一样,只能看到头顶上的一片天,跳不出井底。但是现在我们自由了。"

当这位老农提出用"扫一扫"把我添加到微信通讯录时,我回想起 1990 年，当时花了 450 美元申请装电话，等了 3 年才最终装上，而那还是在沿海经济特区的厦门。如今，即使是宁夏、甘肃、西藏偏僻地区的农民也有了手机，用上了微信，在淘宝上买卖东西。

我很高兴能看到宁夏的变化。随着我们继续一路向西，我们发现，中国政府深谋远虑的扶贫项目惠及了中国农村的每一个角落，而这部分要归功于像田野这样的年轻干部的热忱与坚持。

我希望有朝一日，世界不仅能更好地了解中国梦，而且还能更好地了解让中国梦变为现实的实干家们。而多亏了像中国西部嘉峪关的闫桂珍这样无私的教师，这些实干家的孩子们才拥有了更美好的未来。

07

闫桂珍：因为被爱，所以爱

> 中国人拥有坚定的教育信念。在这一点上，所有中国人，无论贫富贵贱，绝对能达成一致。假使有一名男孩没去上学，那要么是因为他的父母太穷，要么是因为他们（父母）没有施加足够的威信来迫使他学习……在西方，要想出人头地有很多条路……在中国就只有一条路，那就是始于学校的路。
>
> ——约翰·麦高文（Rev. John MacGowan）
>
> 1913 年

引领全球防治沙漠化斗争

翻开我第一次游览长城西段终点时拍摄的照片，可以看到照片中的土地荒凉贫瘠，和长城一样枯黄干硬，可能与 1000 年前驼队行走在这段偏远的丝绸之路时没有两样。而在我 2019 年拍的照片上，长城城墙还是一样的土黄，但现在它的背景已是一片绿意盎然。甚至连市里也种了大片森林，开辟了郊区公园和绿化道路。我问当地领导防治沙漠化有什么秘诀。他们说："我们研究了以色列人的技术。以色列人是防治沙漠化大师！"

现在全世界愈发关注中国抗击沙漠化的斗争。

联合国警告称，全球沙漠化现已达到历史水平的 30 到 35 倍。欧洲委员会也警告称，超过 75% 的土地已经退化，到 2050 年，这一数字将可能超过 90%。中国作为世界上人口最多的国家，在经济史无前例地高速发展的同时，仍设法做到了绿色发展。中国还很好地应对了另一个全球问题：区域经济增长不平衡。在这方面，中国西部的嘉峪关市堪称典范。

应对区域经济增长不平衡

一位来自华沙的领导人最近向我夸耀说波兰是欧洲第七大经济体，也是唯一在 2008—2009 年金融危机期间避免经济衰退的欧盟国家。尽管他们的统计数字很漂亮，但我还是和波兰的乡下人聊了聊，试图探寻数字背后的现实状况。一些村民说："是的，我们读到过关于波兰'经济奇迹'的报道，但只有城里人得到了好处。"

波兰内陆乡村地区发展落后于城市和沿海地区，原因是企业必须在最好的基础设施附近投资，这一点和其他国家一样。尽管创下欧盟"经济奇迹"的波兰是 2013 到 2020 年间欧盟基础设施基金（约 2080 亿欧元）的最大受益者，但它仍旧面临区域经济增长不平衡的问题。如果波兰在距离城市仅 100 公里的地区都难以发展经济，那么，中国能够成功发展沿海千里之外的地区，无疑要比前者更令人瞩目。

中国的国土面积几乎是波兰的 31 倍，而中国仅用了 30 年时间就建起了世界最长的公路，最密集的高铁路网和互联网网络，而且中国的基础设施不仅通达城镇，甚至还一直通到了山村百姓的家门口，就像我们在内蒙古和宁夏看到的那样。

2019 年 7 月，我在重访中国西部的嘉峪关市时亲眼看到了这一切。这座城市不仅比以往更加葱郁，而且还和东部城市一样展现出现代化的气息。设计美观的公寓楼林立在宽阔的街道两旁，路边装点着花草灌木，夜晚由太阳能路灯照明。店铺里不仅售卖当地特产，还有来自全国各地的产品及进口商品。

但是最打动我的还是大人孩子们的开朗乐观。他们不仅为自己的城市感到骄傲，而且还对子女的未来充满信心——或许是因为他们有着像闫桂珍这样的老师。闫桂珍，一位中学教师，儿时一位对她关怀备至的老师把她背在背上，点燃了她对教育的热爱。

闫老师当选 2012 年第十八届全国人民代表大会代表后，嘉峪关市民欣喜万分。她善于激发学生的学习劲头与热情，所带班级连续 15 年高考升学率达 90%，2002 到 2004 年连续三年更是达到了 100%。她还培养出了 3 名省高考状元。

尽管获得了众多奖项与媒体关注，闫老师仍然不慕名利。她省吃俭用，即使工资不高，也还是为贫困生捐助了 30 多万元。不过，是什么让一位来自长城东段的辽宁满族姑娘把一生都献给了遥远西部的贫困儿童？

渴望学习

闫桂珍 1962 年出生于辽宁的一个贫困农村家庭，家里有父母、祖母、6 个兄弟姐妹，共 10 口人。中国当时共有 8 亿农民，但集体农场的多数农产品都用来供应城市里的工人和士兵，农民们自己却所剩无几。"小时候饿肚子饿得厉害，"闫桂珍说，"但是我们能变着法儿吃土豆！我们喝土豆汤，吃土豆丝——把土豆做成各种菜。有时候能拿到一点玉米，就碾碎了喝粥。我们孝敬老人，把稠的给祖母喝，剩下的稀汤就给我们这些小孩喝。"

闫桂珍平日最爱读书。得知父亲想让她辍学和大人种田挣工分后，她非常沮丧。"我渴望学习，"她说，"但我还是听从了父母的意愿。不过正巧那时有一名干部到我们县工作，我管他叫郑叔叔。郑叔叔跟我父亲说：'你家闺女年纪太小，没法干活，可她是个好学生，就让她上学吧。'"

"我们没钱。"闫桂珍父亲说。郑叔叔提出自己掏腰包给她付学费，父亲最终同意了。不过即使这样，家里还是很困难。

只有一间教室的学校

"能上学我特别高兴,所以我非常用功。尽管中国很大,但当年毛主席还是确保了每个村子都有一所学校,无论这所学校有多小。我们村一到六年级有 20 多个学生,都在一间教室上课,但我们的老师安排得特别好,当她给其中一个年级教课时,其他五个年级总有事做——做算术、写作文、画画什么的。这就是我的教育环境。"

"这样做有效果吗?"我有些怀疑,问道。

"效果很好!"闫桂珍说,"如今家家都只有一个孩子,学校往往过度保护,很少让孩子出去游玩,生怕学生出事。但是我们当年没有那么多限制。我们老师有 20 多个学生,年龄从 6 岁到 17 岁都有,她经常带我们春游。春游要走很长的路到山里,我当时才 6 岁,太小了跟不上。可她并没有让我留在家里,而是背着我去春游!"

"她的慈爱深深打动了我,让我明白教育是需要爱的。"

"我从没见过这样深切的爱!"我说。

"是的,现在光是谈起她就让我很感动。直到现在,我每次回老家都要去给她扫墓。一名好老师可以影响学生的一生,我的老师影响了我的一生。我们农村特别穷,连黑板也没有,老师就把木板绑在一起,涂上墨水做了个黑板。她身上充分体现了孔子的教育理念。孔子在 2000 多年前说过,'有教无类'。她让每个孩子都能获得最好的学习机会,从不因为学生年龄太小或者其他原因而忽视学生。老师看我个子太矮,坐在板凳上便看不见黑板,就直接出去给我做了个高脚凳,这样我就能看见黑板了!这些是我最珍贵的儿时记忆。到了高中,老天又赐给了我一个对我关怀备至的老师。"

决心教书

闫桂珍的乡下老家十分偏远,家里穷得买不起自行车,很多表亲都辍学了。"我的梦想是上大学，逃离穷山沟里的生活。寒冷的下雪天，我天不亮就起床，喝完妈妈做的粥，再带一碗粥去学校。中午，高中老师看见我走 40 多公里路带一碗粥做午饭，问我：'吃得这么差，怎么有精力学习？怎么考上大学？'他离开屋子，没多久就带着一大碗白米饭回来，那是分配给他们这些中专技校毕业生的餐食。'吃这个吧，'老师说，'这样就有精力学习，考大学了。'一名教师对穷山沟里来的女孩竟抱有如此高的期望。我埋头吃着老师给我的米饭，泪水盈满了双眼。我发誓要克服一切困难当一名老师，就和我自己的老师一样。"

"习近平总书记说过我们要不忘初心。我的初心是成为一名教师，这就是我初心的由来。"

1981 年 7 月，闫桂珍大学毕业，她回到家乡的贫困县，成为一名中学老师，月工资 38 元。10 元做生活开支，10 元寄给母亲，剩下 18 元给贫困生。"80 年代初，孩子们和我小时候一样穷，"闫桂珍说，"很多孩子要么没鞋穿，要么没有冬衣，要么没钱交学费。于是我帮他们买吃的、穿的和书，把老师对我的爱传递给他们。"

闫桂珍教书期间，看爱国电影，读爱国书目。她听说国家正号召年轻人支援偏远地区，但只要男生。"那女生呢？"她想，"要是有机会，国家需要我，我也会自愿申请去偏远地区支教。"之后，机会真的来了！

闫桂珍望着窗外别致的建筑和美丽的景色。"如今的嘉峪关非常美，但 30 年前却不是这样。1958 年，毛主席主持建设了西北最大的一座钢厂；1985 年，工厂恢复生产，面向全国招聘工程师，但是却没有老师给工人子弟上课。我一听说这个，就告诉父母说我要到西北去。"

"你母亲同意吗？"我问道。

"不，她不同意，"闫桂珍说，"我母亲自己就是一个贫苦的乡下妇女，但她听说中国偏远的西北地区条件更差。

"'妈，'我说，'那里有钢厂，要是技工和别人能在那儿生活，那我也能——而且他们迫切需要老师。'母亲最终同意了，因为她知道我已经下定决心。母亲不是唯一一个试图劝我放弃的人。我们学校的校长和党委书记不想让我走。我当时已经入党，校长说我是个好老师，工作也勤奋，想继续栽培我。但我很坚持，我说东北地区人才济济，可西北地区急需老师。"

一路向西

闫桂珍坐了整整一周的硬座火车。她没钱买坐票，整周都站在车厢里，有时累了就蜷在座位底下休息一会儿。她又累又饿，终于到达嘉峪关后，才感到如释重负，却又发现那里土地广袤、空空如也——一片荒芜，只有戈壁沙漠。

"嘉峪关只有两栋现代化建筑，是给钢铁公司和公司领导、工程师用的。其他建筑都是用没烧过的泥砖盖起来的。当我看到市场上有土豆卖，就松了口气——至少我不会挨饿了！当地人种了抗旱树种，比如白杨。要是这些树能在这里扎根，那我也能！

"不过，真正激励我留在大西北的，是我在车站遇到的一名 50 多岁的老人。当时他骑着一辆叮当作响的自行车，车链子都快掉下来了。他沿着一条土路骑过来，说：'你就是东北来的闫桂珍？上车吧！'他把我安顿在宿舍后，很快又折回来，手里拿着刚为我买的煤油炉和从家里拿的面条。老人耐心地向我演示怎么使用煤油炉。我不禁好奇他是谁。后来，我才从其他老师口中得知，他就是酒钢教育处的张主任——正是在全国发布'急需帮助'通知的那个领导！他还是一名非常无私的党员干部。原来，张主任总是以这种方式关怀每位新老师。那一刻，我便下定决心，把自己的后半生奉献给大西北和这里的孩子们，因为这里的人尊师、爱师。张主任就这样打动了我。"

尽管张主任的工资只有几百块，家里还有 3 个孩子要养，可他却很少在自己身上花钱。他知道外地来的老师生活不易，所以总是去看望他们，看看有什么需要的，或者是给生病的小孩买些营养品。"要是有学生没钱交学费，"闫桂珍说，"他就会自己掏腰包帮他们交。他是我的榜样！"

直到张主任 70 多岁退休后，闫桂珍才了解到他实际做了多大的牺牲。

慷慨待人，节俭待己

2009 年，闫桂珍到张主任家拜访。她惊讶地发现，张主任已经病入膏肓，生活状况非常困窘。"本来他至少一个月能挣 2000 元。70 多岁高龄了，儿子也已经成家，晚年生活不成问题。可他在两垛砖上架起木板，就当作床了。我难过地哭了。他对别人如此慷慨，对自己却又如此节俭，难怪老百姓都爱戴、支持我们的领导。张主任是我的榜样，他的影响与教诲深深刻在我心里，坚定了我把后半生奉献给嘉峪关学生的决心。"

"我明白您为什么对他人如此慷慨了，"我说，"不过，您把自己的钱都给了贫困生，您丈夫怎么看？"

"我们两人志同道合！"她说，"我丈夫是名技术员，老家在陕西，他是应征过来援助大西北的。不过他的童年也很艰苦，在他 9 岁时，父亲死于癌症，留下母亲一个人带着 4 个孩子。所以他明白那些穷孩子是真的需要帮助，所以毫不保留地支持我。

"有些学生的父亲去世了，我会组织学生们给困难妈妈捐款。当时工资很低，捐款加起来也就 800、1000 块钱，但是捐款的举动是有力量的，带给母亲和孩子希望。我鼓励贫困生考大学，克服困难。他们有才华，有好工作，就能报效祖国，帮助自己的父母。"

这些年来，随着闫桂珍的工资不断增长，她帮助的孩子也越来越多。假如有学生高考考得不错，但交不起学费，她就会帮着凑，自己的钱不够了就毫不犹豫地去借，最后亲自把学生送上火车。闫桂珍一边给我看学生的照片，一边爽朗地笑着说："对我来说，每个学生都像是我自己的孩子。当我看到学生坐上火车离开家乡,我就知道这个经历将开阔他们的视野,丰富他们的人生。"

绿衣女士

90 年代,闫桂珍有个昵称,叫"绿衣女士",因为同一条裙子她穿了五六年。"人造纤维耐穿!"她笑着说,"家长们到学校找我,人家会告诉他们,找那个穿绿衣服的女士!但我穿什么都高兴,吃白馒头喝稀饭也高兴。有些女老师用上千元的化妆品,但是我用 1.5 元一袋的郁美净就挺满足。就这样,我攒了 30 多万,给孩子们前进的机会和希望。不仅如此,我还给他们带去力量。"

久而久之,媒体报道了闫桂珍的故事,闫桂珍获得了当地乃至全国的各项荣誉,奖金总计超过了 50 万元。"但这些钱我一分也不能拿,"她说,"我把奖金都还了回去,让他们拿这些钱帮助贫困或生病的妇女和学生。"

20 万元的教师节奖金

2012 年的教师节对于闫桂珍来说尤其难忘。得知获奖后,闫桂珍不愿参加颁奖典礼。"我已经得了太多奖了,我想让他们表彰年轻教师,但是教育局坚持让我去。领导讲完话后,秘书给我发了一个大奖杯,一个孩子向我献了一束花——他们还给了我一块大牌子,上面写着很多'零'——'推动嘉峪关市教育事业特殊贡献奖',奖金共 20 万元。"

闫桂珍很吃惊:"不能给我这么多钱。我做的一切不值那么多!"

颁奖方代表对她说:"你为嘉峪关市做的贡献非常伟大。这是嘉峪关市给你的嘉奖。"

"我不能把所有功劳揽在自己身上,"她坚持道,"这一切要归功市政府多年来对教育事业的支持,2000 多名教育工作者的无私奉献,以及无数学生和家长的辛勤付出。这个奖属于嘉峪关市——我要拿这 20 万元做点特别的事情。"

闫桂珍公益教育爱心助学基金会

颁奖结束后，闫桂珍获得了雷鸣般的掌声，之后很多人问她打算怎么用这笔钱，可她却毫无头绪，直到有人建议她成立一个基金会，以便帮助更多孩子。春节期间，刘市长到闫桂珍家做客，闫桂珍把成立基金会的想法告诉了刘市长。刘市长热心地给基金会起了名字："嘉峪关市闫桂珍公益教育爱心助学基金会"。

为了筹集善款，从当年 3 月起，闫桂珍每天一放学就去拜访政府部门、工厂、街坊邻居。"3 月，嘉峪关的沙尘暴大到天都是黑的，顶着风几乎没法骑自行车，但我坚持了下来。有两家机构分别承诺捐款 10 万元。" 7 月，闫桂珍到民政局申请创办基金会，却被告知成立基金会最少需要 200 万元。

"别担心，"刘市长说，"能筹多少是多少，剩下政府会贴补的。"闫桂珍知道市长已经承担了很大压力，她决定自己解决这个问题。

"当时的民政局局长是一名退伍军人，姓王。王局长突然想到了一个好办法。他说：'基金会的名字一个字也不要动，把性质改成协会。创办协会只需要 3 万元。'"

创办协会需要收集 50 家单位的 50 个签名，在收集签名的过程中，人们的反应令闫桂珍十分敬佩。"卖水果的大爷和卖饮料的阿姨说我是在做善事，想送我水果和饮料，但我把钱扔到他们的货摊上就飞快跑掉了。他们自己也需要那些钱。就连出租车司机知道这事后都想免费让我乘车。"

"难道你不觉得像在乞讨吗？"有人问她。

"一点也不！"她反驳道，"这么多孩子需要帮助，挨家挨户求人一点也不尴尬！"

短短两天,闫桂珍就集齐了50个签名。"那是我一生最难忘的经历,"她说,"我明白了只要你做善事,人们就会帮助你。"

爱,不只在嘉峪关

创办协会所需的文件于8月准备完毕,但是社会上有太多需要帮助的人,闫桂珍决定趁热打铁,募集更多资金。大家的热烈响应令她措手不及。2013年10月21日,闫桂珍已筹集到328万元,之后听说嘉峪关附近地区的儿童做手术需要帮助。

"协会是为嘉峪关儿童设立的,"她的同事说,"帮助其他地区的孩子,钱很快就会用光。"

"我没听劝,"闫桂珍笑着说,"我先是捐了3万给那孩子做手术,之后又筹集了好几万块。

"我的一个学生18岁时得了白血病,医生说不进行骨髓移植的话只有3个月可活,可他的父母付不起医药费。"闫桂珍所在学校的3千名师生捐献了9万多元,之后教育部鼓励所有教师和学生都参与捐款。获悉此事后,连80多岁的老奶奶也拿出了自己的养老钱,小孩子也让妈妈帮着捐款。不到两周时间,我们就筹集到了57.9万元——离那孩子需要的60万元只差一点。对于一个这么小的城市来说,这非常了不起。"嘉峪关确实是一座有大爱的城市。

"那么,得白血病的学生后来怎么样了?"我问道。

"他的病治好了!"闫桂珍说。

我被闫老师的故事深深打动,而她对教育的投入和慷慨无私的品格在中国并不鲜见。甚至在我的家乡厦门附近的乡村里都有类似的故事:几个世纪前,有些孩子天资聪颖,但家境贫寒,于是富商也好,贫农也好,纷纷群策群力,为其捐资助学。

我想,正是因为中国人始终重视教育,并且在建设社会、建设政府时始终立足教育,中国才得以在时间长河中绵延生息。因此,教育也事关中国的未来,即使是在西藏这样一个环境最恶劣的地区也不例外。在那里,像梁楠郁这样人甚至为生命禁区带来了蓬勃生机。

08

梁楠郁：为西藏生命禁区带来蓬勃生机

1994 年，当我们一家穿越海拔 5231 米的唐古拉山口进入西藏时，我明白了为什么西藏被称为"世界屋脊"。我停下脚步，拍摄在刺骨寒风中翻飞的藏族经幡。刚刚降下一阵雹暴的滚滚黑云低沉沉的，我不禁想要俯身躲闪——而这还是温度最高的 8 月。

由于缺氧，我感到偏头疼，像离了水的鱼一样大口呼吸空气。我迫不及待要到拉萨，因为按西藏的标准，海拔 3700 米的拉萨已经算是低地了。不过到拉萨还要沿着山路再开两天的车。

在生命禁区艰难求生

这片海拔 5000 米的高原被称为"生命禁区"，因为几乎没有什么能在这里生存——没有树，也没什么其他植物，动物也不多。令我大为吃惊的是，一些西藏人确实住在这么高海拔的地方——他们寿命不太长。

小说和好莱坞电影往往把西藏浪漫地描述成住着长寿隐士的世外桃源，但现实却没有这么诗情画意。尽管西藏人的平均寿命已从 1951 年的 35.5 岁提高到了如今的 68.2 岁（几乎翻了一番），但是和全国平均水平 76.4 岁或北京的 82.15 岁相比仍存在差距。位于拉萨以北 700 公里的双湖县海拔 5000 米，是世界上海拔最高的县。那里的平均寿命只有 58 岁——比全国平均水平少了近 20 岁。

我很惊讶，西藏人竟能在如此恶劣的环境中艰难生存。而更让我大为震撼的是，汉族人梁楠郁也选择在同样的环境里生活，并且牺牲自己的健康来帮助西藏游牧民脱贫。

不让一个人掉队

当地人说西藏只有两个季节：冬季和大约在冬季。既然如此，西藏是中国人口最少的地区也就不足为奇了。"双湖县面积相当于韩国那么大，人口却只有 14,398 人，"梁楠郁说，"平均每 8 平方公里才住 1 个人——相当于整个北京二环只住了 8 个人。"然而，中国的扶贫工作数十年来一直强调"不让一个人掉队"，即使双湖县这样人口稀少的地区也没有被忽略。

采访援藏干部梁楠郁（摄影：朱庆福）

1994 年，中石油与政府合作援助项目启动，旨在帮助中国各省市定点援助西藏县市。作为该项目的一部分，2016 年夏天，中石油派遣 39 岁的梁楠郁前往双湖县。尽管面临着棘手挑战，梁楠郁还是极大改善了当地的医疗、教育、环境状况。在 2019 年 10 月的国家扶贫工作调查中，双湖县的扶贫成果在国内名列前 19 位。

"妻子介意您在这边工作这么久吗？"我问他，"她也不介意您申请留任 3 年？"

"她没有拦我，"他说，"但她不能真正理解我，想让我回家。我父母也不太支持。家人担心我，因为这么高的海拔，连西藏人的健康都受影响。我患有心肌肥大、失眠，记忆力差。昨晚我吃了安眠药，就为了确保今天见你时保持清醒。来西藏前，我睡得很好。来这儿头两年还能靠吸氧助眠。两年后，什么都不起作用了。现在在哪儿都睡不着，就算是到北京也一样，而且也治不了。"

"那为什么不回北京呢？"我问道。

"今年，2020 年，是关键的一年，"梁楠郁说，"今年中国要消除绝对贫困，但该做的工作我只完成了大约 80%。要是别人来替我，他们可能不像我这样了解当地状况，或者他们的健康可能顶不上。即使他们确实坚持下来，他们也可能做得没我那么好。所以我必须多待一些时日，确保工作妥善完成。"

梁楠郁向我分享了他充满创意的扶贫思路，包括改善教育的城市游击战、生态游牧业等。了解了这些，我也认为这样一个人确实难以替代。

了解地形乃孙子兵法之道

"夫地形者，兵之助也。料敌制胜，计险厄远近，上将之道也。"

2016 年，梁楠郁一到双湖县就走访了各个村庄，了解各村存在的具体问题。他很快意识到，最大的难题也是无法克服的问题是高海拔。

"即使在拉萨,多数北京人也会有高原反应,"梁楠郁说,"但是双湖县的海拔太高了,所以在拉萨就感觉像回到了海平面高度。光是在双湖走一走,感觉就像在平原上背着三五十公斤的大米一样。刚来双湖时我腿都发软,不能一边走路一边说话,接电话必须先停下脚步,否则就没气儿说话。如果说,说话是件难事,那么思考就更难了,尤其是当你想要帮中国最穷的地区脱贫时。"

我认为梁楠郁是在谦虚。作为一个自称无法清醒思考的人,他迅速想出了3个步骤,分别应对医疗、教育、工业与生态平衡发展问题,充满雄心壮志,最后又得以成功实施。

第一步:先健康,后致富

梁楠郁最先着手解决健康问题。究其原因,他忧伤地讲道:"我第一次下乡就看到两个婴儿夭折了。一个活了1天,另一个活了7天。在中国其他地区,死亡是件悲剧,但西藏人已对此习以为常。距离最近的好医院在那曲市,要走550公里的土路,7个小时才能到。(我觉得)必须得做些什么。有健康才有小康。"

婴儿死亡率高,而成人则饱受阑尾炎等衰竭性疾病的困扰,不过这些疾病都是可以治愈的。2009年以来,中石油每年都会派医疗队来到双湖县,但只负责治疗常见病。双湖县连一个驻院医生也没有,甚至连助产士都没接受过什么培训。"32岁的乡村医生冈拉承认,她的接生技巧就是等,看婴儿能否活下来。"

尽管冈拉不识字,也不太会讲普通话,但她非常渴望学习。于是梁楠郁派她随队去兰州的一家医院接受培训。6个月后,冈拉得到了医院妇科主任的表扬。主任说她无论白天黑夜总是随叫随到,为了尽可能观摩一切有用的技能,她甚至不在自己的酒店而是在医院过夜。梁楠郁去看冈拉时,冈拉给他看了一张小纸片,上面是她的工作总结。"我特别感动,"梁楠郁说,"因为短短6个月她就自学了汉字!我问她为什么学习这么积极,她说:'因为我看到这些技术真的能救命。'"

组建起医疗队伍之后,还需要医疗设备。中石油捐献了112.5万元,用于购买呼吸机、腹腔镜等设备。梁楠郁还在医院库房发现了一些没用过的设备,比如一台生产于2009年的麻醉机。工厂要价45,000元安装这台价值20万元的机器。"于是我和院长仔细研究安装说明,最后我自己把它装好了,"梁楠郁说,"现在有了医疗工作者和设备,可是没有病人,因为没人想当第一个!自然分娩带来的死亡是可以接受的,那是自然现象。死在手术刀下可不是自然现象。"

2017年8月23日,一名藏族孕妇来到医院,因为婴儿脐带绕颈,她十分绝望。终于有机会证明现代医学的价值了——可是医疗队却犹豫不决,争论了几个小时。"我们没有血库,缺氧会导致手发抖,连设备都有高原反应。机器无法启动,要么是读数错误,要么是电压起伏不定,有些设备甚至都没经过检查——包括我亲手安装的那台。但是我感觉我们别无选择了。当时刚刚下过雨雪,通往市里医院的220公里土路已是一片泥潭。在车上颠簸7个小时可能会令母子双双丧命,而去拉萨的里程是去市里的两倍还多。

"'不管怎样还是把她送走吧,'有人说,'要是她死在路上,那不是我们的错;要是死在手术台上,人们就该怪罪我们了。'就在那时,一位护士冲了进来:'产妇开始宫缩了!'"

"我感到些许宽慰,"梁楠郁说,"因为要是现在把她送出去,她肯定会死。医生必须要做手术了。"

这不仅是双湖县的第一台手术,而且也是世界上第一例高海拔紧急剖腹产手术。医生要从产妇腹中取出胎儿,这个消息像野火一样蔓延开来,人们纷纷挤在手术室门前,想要看个究竟。梁楠郁跟着人群挤了进来,焦急地等待着。"我比8年前自己孩子出生时还要焦急!"他说,"医生对我说:'别担心。不是大问题。'但是后来医生向我承认,他那时非常紧张!由于缺氧,医生的手抖得厉害,只得边吸氧边做手术。

8:33时我们听到了一声新生儿的啼哭。我一辈子都记得那声音。"

这名5斤多重的婴儿的祖父母激动地把洁白的藏族哈达挂在每位医生脖子上,向他们表示感谢,并且提出要让孩子跟梁楠郁姓。梁楠郁说这样不合适,应该跟医生姓。于是,年幼的巴桑罗布也有了一个汉语名字:霍党生。霍是医生的姓,"党生"是"党的孩子",意在感谢党挽救了母子二人的生命。

"实际上,那天出生了两名婴儿,"梁楠郁说,"如今,两个孩子都两岁半了,医生们还在关心他们!他们都在健康成长!"

这些婴孩的出生是梁楠郁与藏民关系的转折点。"之前感觉有些民族隔阂,而现在我们无比亲密。出远门回来后,他们会笑着对我说:'你回来了!'"

第二步:改善教育的游击战

在解决健康问题之后,梁楠郁的第二件大事是教育。西藏实施免费义务教育,但入学率很低。"双湖人是游牧民,他们看不到教育的好处,"梁楠郁说,"在中国大部分地方,衡量一个人的价值可能是看他有多少房子、车子,但在牧民这里只有羊群才算数,牧民的最大目标就是扩大羊群数量。家族成员无论老幼都聚居在一起,便于维持较大的羊群数量,其中孩子的任务就是放羊——而受过教育的孩子就像一个'三明治',被夹在两个世界中间。

"假如一名年轻学生考上高中或大学后离开双湖,那么他就有未来可言;假如没考上,又不肯牧羊,对家庭和社会都是一种负担。所以,就算费尽唇舌跟家长们讲教育的好处也是无济于事。我们得让他们看到切实的好处。于是我用了游击战的方法来改善教育。"

"我用了两招,"梁楠郁说,第一招是'借鸡下蛋。'我们当地老师的水平不是特别出色,所以就派了12名孩子到拉萨北京小学就读。不到半年,其中一个孩子的成绩就已经跻身前10。这个结果深深触动了我们。这证明双湖孩子的问题不在于没有学习动力，而在于没有好的学习环境。在孩子们搬到拉萨6个月后拍的照片上，可以看到他们灿烂的笑脸。孩子们的学习成绩提升了，精神面貌改变了，回到家乡后对家乡建设也产生了非常积极的影响。"

梁楠郁的第二招是培养自力更生的能力。"我们只能送少数学生出去读书，所以必须培养自力更生的能力，而这就需要提高教学质量。我们有215名老师，多数是刚出大学校门的西藏年轻人，他们有一个共同点：教学水平不是很高。教学水平高的话早就被其他学校抢走了。他们继续留在双湖教书只是因为能拿到过得去的工资。他们日复一日地教书，可心里清楚自己再也没法见识外面的世界了，于是失去了希望。教师心中有希望，教育才有希望。"

"全民九年义务教育是好事，但这是一个大规模战略。要想真正改变局势，就必须像游击战一样集中进攻，集中优势兵力，瞄准一个点搞'奇袭'。我们给好学生配好老师——可是我们怎么提高教师的水平？于是我们开了个会，问老师们：'你们到底想要什么？'"

"要想激发人的积极性，"梁楠郁说，"必须首先知道他们想要什么。我以为他们会想要钱、奖金、特殊荣誉。但他们都只有一个愿望：离开双湖。2017年，我们制定了一项政策：假如有学生考上了内地西藏班，辅导老师将获得3万元奖励，并且我们会帮他调出去。2018年，我们已经有3名学生考上了内地西藏班——人数不多，但影响深远。很多人来到典礼上，看到他们自豪的父母身上戴着喜庆的大红花。打那以后，教育水平就提高了！"

那些原本打算离开的教师受到鼓舞，选择继续留在双湖。

第三步：产业发展

梁楠郁的第三步是因地制宜发展产业。双湖仍然是中国最贫困的县之一，当地21.9%的人仍生活在贫困线之下——远高于1.7%的全国平均水平。"考虑到生活质量的话,"梁楠郁说,"这些人应当是全中国最最贫困的人群。"

可持续扶贫要求人们从外界援助转变为自力更生。在一番精心研究之后,梁楠郁决定重点从三大支柱产业入手:丰年虾卵、旅游、畜牧。

90年代以来,双湖县其香错湖出产的丰年虾卵一直是本县的主要收入来源之一,但是当地干部职工疏于市场管理,使得无良买家乘虚而入,强行压低价格,形成事实垄断。为了打破垄断,梁楠郁提出了透明、公正的竞标原则。然而,2017到2018年,不仅是竞标人和买家,而且梁楠郁本人也收到了匿名威胁。尽管如此,梁楠郁仍坚定不移地继续开展工作。

2019年,梁楠郁给每一位投标人发去电子邮件,向他们解读各项要求,以确保竞标流程公开公正。假使出现最糟的情况,他承诺政府会以公平的价格收购农户的丰年虾卵。梁楠郁的辛勤付出、专注细节、不惧恐吓最终得到了回报。丰年虾卵卖出了前所未有的高价。

2018年9月,梁楠郁使用中石油提供的1380万元捐款在那曲建起了一座占地4公顷的丰年虾卵加工厂。在当地加工丰年虾卵有助于牧民把众多中间商的利润赚回来,20多名贫困牧民现在1个月可以挣6000多元。

研究人员发现,双湖丰年虾卵富含不饱和脂肪酸,例如对人体健康具有重要作用的EPA(二十碳五烯酸)。于是梁楠郁还帮助创立了本地健康食品和特产品牌。"高原海灵虾"健康食品现已完成中试,很快将在全国上市。

遇到的考验

梁楠郁最大的挑战是如何在保护环境的同时维持藏民传统的放牧生活方式。"甚至可以说,这里的生态保护问题比世界其他地区严峻得多,"梁楠郁解释道,"生命禁区没有树,植物很少。我们这边的草和你们厦门的不一样,厦门的草生长繁茂,必须经常修剪。这边只要铲掉一铲子草,就得花几十年才能长回来。沙漠化对于发源于西藏的大江大河来说将会是一场灾难。但藏民们理解不了为什么草远比他们的牧群值钱。他们的牛羊值大约 5.1 亿元,但草地是无价的——甚至不止510 亿元。要是只为了经济考虑,我们就干脆把牛羊杀了,把大家都搬走。那是最容易的办法,但那么做不对。为了在保护生态的同时仍旧尊重藏民们古老的传统,我们寻求了一个折中办法。"

梁楠郁灵机一动,想出了"集体畜群"的法子:各家各户把自己的牧群集中在一起,按牲畜头数赚取利润。现在,牧民们掌握了自家牲畜的确切数量(之前他们从没弄清过);集体放牧有助于避免脆弱的草场过度放牧,还解决了根深蒂固的文化问题。"很多藏民不愿意把自己养的牲畜宰了卖掉,但是在集体农场里,人们并不清楚哪些牲畜是谁家的,于是也就不介意出售牲畜了!去年我们牧民的人均收入超过了 9000 元,其中 8000 元来自出售牛羊获得的分红。"

现在,这些藏民第一次有钱吃上了更加丰盛营养的饭菜,而不仅仅是牛羊肉、糌粑(烤面)、酥油茶。不过,出人意料的是,环境的改善带来了新问题。藏野驴的数量日益增多,由于藏野驴是国家保护动物,梁楠郁又开始摸索科学方法来平衡藏野驴种群数量。

身为双湖人,仍有"三怕"和"三个一样"

梁楠郁现在认为自己不是一个访客或过客,而是一个真正的双湖人。即使如此,他仍和其他扶贫干部一样,深受"三怕"和"三个一样"的困扰。

"三怕"是怕孤独、怕夜晚、怕分居。梁楠郁害怕周末地广人稀的环境带来的孤独感;害怕夜晚缺氧而导致失眠;害怕与家人两地分居——尤其是他的女儿,他没能陪着她长大。

"三个一样"是指吃、睡、外貌始终一样。由于缺乏睡眠,梁楠郁合眼躺在床上却睡不着，白天大睁着眼却又不由得想打盹儿。梁楠郁还厌倦了日复一日吃单调的简餐。"我失去了食欲——吃了也不觉得饱，不吃也不觉得饿。"缺乏睡眠和食欲不振影响了梁楠郁的外貌，他面容憔悴，衣衫凌乱。

"为什么不逃离生命禁区呢？"我问道，"您已经做了这么多工作了。"

"这个时期很关键，"他说，"我们必须咬紧牙关、坚持到底，为了那些信任我们的人——党、中石油（2016年以来已为113个项目捐款约3.9亿元）、双湖百姓。"

尽管梁楠郁的杰出工作已经得到表彰，但他知道剩下的工作，比如改善旅游业或防止返贫，可能会更艰难。

"这是一个长期过程，需要我们坚持不懈，"他说，"西藏远比我想象的更复杂。对于很多人来说，拉萨就是西藏，但实际上西藏大部分地区都与拉萨截然不同。西藏很大，各地的风土民情也相去甚远。我们以为可以在双湖复制拉萨模式，但那肯定是行不通的。"

"剩下还有哪些工作？"我问道。

"最初的工作重点是硬件，"他说，"基础设施条件现在已经好多了，不过我们为此付出了巨大代价。我们花9.3亿元铺平了通往那曲医院的220公里土路，又花3.2亿元给3000人的家中安上了太阳能，平均每人身上花了大约10万元。这其实是没有经济利益的。我们做这些只是为了让他们能在晚上照明。不过硬件设施现在已经差不多了。往后的工作重点必须始终是软件——健康、教育、工业。"

"您坚持要继续向前？"我问道，"是什么驱使着您呢？"

"是我的一位老师启发我走上这条路的，"梁楠郁说，"张嗣瀛院士是我的研究生导师，他80大寿时没有办寿宴，而是给我们做了个讲座。他说，1937年，还是学生的他听到了日军轰炸山东济南的第一声炮响。张教授当时就读的学校迁往四川,分为4个校区。可是学生们时常挨饿、闹病，死了很多人，埋葬学生的地点就被称为'第五校区'。张教授每隔几天就到'第五校区'缅怀去世的同学。

"张教授一生中最激动的时刻就是听到日本投降的时候……提起这些往事，张教授不禁落泪，我们这些学生也深受感动。张教授之后又讲述了中国如何克服重重困难取得发展，最后他说：'大家现在都富起来了，但是无论走到哪里，都要记得我这句话：要报效祖国。要去做事。这是我作为一名教师给你们的建议。'

"张嗣瀛教授于 2019 年 10 月去世。如今，北京的生活非常舒适，但美好生活只有在它惠及全体中国人民时才真正有价值。在北京享受优越生活是非常容易的，但现在正是做事的时候！也许到下一个时代，你想做点类似的事情，但是却没有机会了。西藏是中国脱贫项目的最后一片战场，而双湖是实现西藏顺利脱贫的最后一块土地。做这些工作对我来说意义非凡，值得去做。"

随后，梁楠郁沉默了片刻后补充道："我会留在双湖，直到完成工作。假如有一天，藏民们说：'这里不再需要你了'，那就证明我终于完成了使命。"

中国的"第五大发明"正在发挥作用

听完梁楠郁的故事，我感到非常惊奇：一个经济和自动化专业毕业的人，竟能够凭借自身的创造性、适应性和奉献精神高效地处理这么多毫不相关的问题——健康、教育、发展、生态。越是遇到像梁楠郁这样的人，我就越是想起经典的儒家士大夫形象。儒家士大夫在 2000 多年的时间里巧妙应对从农业、医学到军事在内的每一个问题，满足了中国广大人口的需求。

我研究中国古代发明已有多年，我认为中国人的发明是无穷无尽的。不过我越来越赞成英国政治家尤斯塔斯·巴杰尔 (Eustace Budgell) 的看法。这位政治家在 1731 年说到，全世界一致认为，在中国的所有发明中，最伟大的一项发明是"治国的艺术"。

梁楠郁，以及许多像他一样的人鲜活地证明，当代中国人和他们博学多才的先辈们一样专注、能干，中国的"第五大发明"仍在发挥作用。

而且，"第五大发明"已经结出累累硕果，改变了藏族人的生活，益西旦增就是其中一例。益西旦增是厦门大学的首位藏族学生，现任西藏大学（位于拉萨）教授，他与我分享了他的藏民中国梦。

09

益西旦增：一位年轻藏民的中国梦

优质教育是扶贫的关键，对于因地理、文化、语言障碍而与世隔绝的少数民族而言尤其如此。自1949年新中国成立以来，无数汉族人志愿前往最艰苦的地方支教。而要想做到可持续的扶贫，教育也必须像经济一样，强调"造血"而非"输血"。可是培养并留住优秀的本土教育工作者，说起来容易做起来难。

梁楠郁在西藏双湖发现，最优秀的老师往往大学一毕业就被最好的学校招走了，而那些最终无奈回到偏远地区学校的老师只有1个目标："走出去。"

我无法责备这些年轻人，他们瞥见了外面的大千世界，想要追求更好的生活，这无可厚非。可是如何点燃他们帮助家乡人民实现愿景的激情呢？

幸运的是，随着农村基础设施、教育、医疗条件的大幅改善和商业机会的增多，现在吸引年轻人返乡比以往更容易了。20年前，中国曾以"花园城市"为荣；而如今，"花园乡村"正在帮助中国减缓城市化进程，因为年轻人为了抓住家乡越来越多的机会正纷纷返乡。但是，即使有了更好的环境，让优秀的少数民族教师回乡也仍旧是一件难事——这也是为什么我会被益西旦增教导西藏学子的满腔热忱深深打动。

2019年7月21日,在西藏拉萨采访益西旦增(摄影:吴琼)

厦门大学首个藏族学生

益西旦增来自西藏的一个小村庄,可他在北京、厦门、美国、新加坡学习时却已对世界了如指掌。和很多人不同的是,益西旦增的成功赋予他深深的责任感,而非优越感。他拒绝了国内外的高薪机会,毫不动摇地追求自己的目标:提高藏族教育水平,"帮助建设祖国"。

我更相信,作为厦门大学首位藏族学生,正是在厦大度过的时光坚定了益西旦增投身藏族教育的想法。益西旦增说过,厦大教职员工的感恩、责任、奉献精神打动了他。益西旦增还了解到70年来厦大校友如何志愿到西藏最艰难的环境中支教——比如如今已是91岁高龄的叶雪音女士,她1950年从厦大生物系毕业后就开始在西藏教书。

在拉萨见到益西旦增时,他看上去更像是一名在校大学生,而不是一名教授英语、汉藏外语言和文化比较研究的西藏大学副教授。他身穿 T 恤，头戴棒球帽，笑着给我看一本我当年写的距今已有 15 年历史的厦门导览书《魅力厦门》。"我就是看这本书了解的厦门！"他说。

回馈祖国

很难相信益西旦增 13 岁在北京西藏中学上学时才开始学习汉语。学完汉语，他又开始学英语，并且在厦门大学修读英语专业。他的英语说得完美无缺，甚至连举止姿态也恰到好处，于是我们全程都用英文交谈。这么有才华的年轻人，难怪大家都抢着要。

"从厦门大学毕业后，"益西旦增说，"我曾经有机会留在厦门。经商的朋友问我：'要不要和我们一起干？'"

我无法相信，益西旦增竟然一点也不心动。毕竟，很多中国人都梦想在厦门这座花园岛屿上生活，厦门甚至还被联合国评为世界宜居城市。但是益西旦增有更高的目标。

"我被派到内地学习是因为那边的教育水平相对较高，"他说，"我想我应该回到拉萨，把学到的知识用到这里。我在厦门上了 4 年学后，回到拉萨，在西藏大学工作。过了三四年，我有机会赴美国学习，在堪萨斯大学待了两年，拿到了高等教育硕士学位。这两年是很好的经历，让我了解了美国文化，而且在现实生活中接触到了一点西方文化。"

然而，就和身处厦门时一样，益西旦增在美国时就已下定决心。一拿到首个硕士学位，他就整理好行囊，对美国梦说了声"不"，然后再次回到西藏，继续在西藏大学教书。

2016 年，益西旦增赴新加坡南洋理工大学修读第二个硕士学位。"我在那边待了 1 年，之后又回到拉萨，仍在西藏大学教书。我的教育背景简单来说就是这样。"

我惊讶于这名来自西藏小村庄的年轻人竟然放弃这么多机会，一再回到西藏大学。可是在他眼里，自己并没有放弃任何东西，因为他越是了解外面的世界，就越是感激自己是一名藏族人。

深深扎根中国

"我想，在西藏、北京、美国、新加坡学习的经历给我一种深深扎根西藏文化的感觉，就好像我是一棵树。这棵树有两条非常强壮的枝丫，一条扎根于中国文化，另一条可能浸染了少许西方文化。我认为自己就像这棵树一样。"

益西旦增决心用所学知识帮助西藏，因为他并不把自己得到的机会视作理所当然。优厚的待遇往往令很多人心生优越，认为自己值得更多。但益西旦增却对此心怀感激，进而萌生了深深的责任感，要将自己的好运传递下去。这份好运，假如他早一代出生便可能错过。

"我看到了这些年教育的变化。老实说，放在 25 年前，像我这样来自普通家庭的孩子是没有这么多求学机会的。而且，你知道，现在学费全免了！"

益西旦增和我分享他对厦大的鲜活记忆，他开朗地笑了："因为我是少数民族，又是厦门大学的第一个藏族学生，所以厦大很照顾我，有时还送我小礼物。我回过几次拉萨，学校还为我付路费。因此我对厦门怀有深厚的感情。直到今天，每当有厦门来的客人，我都觉得他们像是亲人，因为我在厦门待了 4 年，在那里结交了很多朋友。那是我人生中很重要的一段经历。"

靠教育过上新生活

益西旦增把自己获得的教育机会归功于西藏的飞速变化。"我出身于小村镇的一个非常普通的家庭，教育改变了我的人生。后来，我得到了很多去大城市学习的机会，我回来就是为了抓住机会为家乡做些贡献。"

"你有很多兄弟姐妹吗？"我问道。

益西旦增开朗地笑了:"是的,我家有 5 个孩子——我有一个弟弟、两个哥哥、一个姐姐。"

"他们都受过良好教育吗?"

"我是第一个,"益西旦增说。

"你老家的村子有多大?"

"村里大约有 200 人,"他说。

"一个出身小村庄的人能在北京、厦门、美国、新加坡念书,真是令人赞叹!那么,家乡现在的生活和你小时候比有什么不同?"

富有创业精神的西藏人

益西旦增笑了:"那时的生活很简单。小时候我们连电视机都没有。当时我们特别想看动画片,但是别说电视机了,就连收音机都没有。当年的生活非常简朴,但是现在生活水平有了很大提高。"

"现在有电视了吗?"我问道。

益西旦增笑了,"电视、冰箱、网络、微信,应有尽有——看到科技改变了人们的生活方式,甚至惠及这样一个小村庄,真是令人惊叹。如今,大家都用微信保持联络——就连村民也一样。科技让沟通变得非常容易。"

"是的,我知道,"我说,"在内蒙古,就连牧民都用北斗卫星和芯片来跟踪牛羊群。这简直太惊人了。"

"而且,藏民们的住房也比以前美观了,"益西旦增说,"村民们现在住上了像美国中西部地区那样的大房子,开上了私家车,比如小轿车和卡车。"

"他们怎么买得起这么大的新房?"我问道。

"我觉得是这样,有些家庭的孩子上学读书,在城里找了工作。之后,他们寄钱给家里,一些村民就开始做承包商或者其他生意。有些村民会画画,你知道——传统藏族画。有些村民做了建筑师,有些做了伐木工或木匠。越来越多的钱涌进西藏，经济条件改善了，又带来更多机会。一些村民甚至把生意做得特别大。"

"什么生意？"我问道。

"比如房地产，"益西旦增说，"他们在城里盖楼。而且，多亏了政府提供的专项补贴，比如，不用交水电费，村民的生活有时比城里人还滋润。"

"和 30 年前大不一样了！"我惊叹道。

90 年代中期，农民往往要比城市居民交更多电费，我觉得这很不公平，但我慢慢意识到，政府当时别无选择。电力严重不足，即使在经济特区厦门，电压也可能在 1 小时内从 220 伏骤降到 100 伏，再突然飙升至 260 伏。我给美国的亲戚朋友写信，说我烧坏的电器比烧的菜还多。每天都会停电，有时一停就是几天，所以我们总是手头常备蜡烛和煤油灯。就连去中山路新华书店我也带着蜡烛，因为书店没有窗户，频繁停电会使得店里一片漆黑。

90 年代初，我做梦也不会想到，不到 20 年全中国都通了水电，装了电话。当然，没人料到互联网的出现（这点甚至连科幻小说作家都始料未及），也没人料到中国会拥有世界最大的网民社群，上千个淘宝电商村遍布中国乡村。

所以一些藏民可以免费用电，对此我并不吃惊。在一些地方，比如云南西部，身无分文的傈僳族人甚至可以得到免费住房，之后拿到免费家具、床品、炊具、柴火。在遇到一名年轻的傈僳族姑娘之后，我终于明白，政府对少数民族的苦心没有白费。这个姑娘从工人做起，现在已经有了自己的建筑生意，还开上了宝马车。

西藏新燃起的教育热情

"与 25 年前相比又一个大的变化，"益西旦增说，"就是以前家长宁可让孩子在家打工挣钱，也不让他们上学读书。但是如今情况有了改变。人们意识到教育比在工地赚快钱更重要,越来越多的家长送孩子上学念书。教育和医疗水平都比以前有所提高。"

"医疗水平有了怎样的提高?"我问道。

"村里的医疗水平现在更好了,不过,如果村民想去城里看病,政府会承担部分费用,比例大概有70%或80%。"

"西藏确实变化迅速,"我表示同意,"不过你对未来有什么打算呢?"

"啊,我未来的打算?"他思索了片刻,说道,"我正准备出一本书,叫《远方的西藏》。我还想继续进修。我有两个硕士学位,不过我还想在四川大学拿下博士学位。这次我打算攻读西藏历史、社会和经济专业。无论我走到哪里,我总是会回到自己出生的这片土地,所以现在想进一步了解藏族文化。读完博士我肯定还会回到西藏大学。"

"为什么总是要回到西藏大学?"

"就像我之前说的,我拥有了很多朋友们梦寐以求的机会。我想我有责任回来与家乡人民分享我在外面学到、见到、经历到的一切。我一直在帮同龄人学英语,我的学生不仅限于西藏大学。我志愿帮学生学英语,帮他们申请内地和部分西方高校,因为这两边大学体系的运作方式我都比较了解。我能对他们有所帮助。我想这就是我总是要回到西藏的主要原因。西藏给了我一种非常强烈的归属感,要知道,你在其他任何地方都找不到这样一种文化。"

"你认为西藏的文化很丰富吗?"

益西旦增笑了,"是啊,非常丰富!也非常特别。而且我喜欢西藏的新鲜空气。所以这是我总要回到西藏的两个主要原因。"

"那么你的新书都讲了些什么?你在西藏外面的见闻,还是世界如何看待西藏?"

"啊,我的新书。我并没有真正去写世界如何看待西藏,"益西旦增说,"我写的东西很主观。我想和西藏的朋友分享自己在新加坡和美国时的经历见闻、个人感受，以及我是多么想念西藏。我还记录了朋友的经历，描写了这些年来教育发生的变化。其中一篇文章叫《西藏青年》，记录了与我同龄的五六个西藏青年的所做所想和亲身经历。我想它是对当代典型青年的一个记录，假如将来有人回顾过去，想要看看这个时期的年轻人是什么样的，那它就可能有些价值。

"我写这本书也是想鼓励我的朋友、学生、子女积极进取，敢于梦想。我每次开讲座或上课，也会告诉学生，你们要心怀大梦，看看我——我已经实现梦想！我去过这么多地方，你们也可以做到。不要因为自己是小村里的小孩就怯步畏行——你们一定行。一直以来我都是这么鼓励他们。希望这可以激励我的学生和朋友。我认为这些鼓励是有用的，因为我身边的一些朋友正在非常刻苦地学英语，申请澳大利亚的大学。实际上，我的一个朋友已经到澳大利亚攻读硕士学位了。我之前帮过他提高英语水平和申请学校。"

西藏的未来——繁荣且包容

"最后一个问题！"我说。不过，如果有可能，我愿意花好几天时间不断向他提问我草草记下的一大堆问题。"你对西藏的未来有什么想法吗？"

"正如我之前所说，从教育、医疗、公共交通这几方面看来，人民的生活质量已经得到改善。生活质量提高得很快，这个势头会持续很久。我对未来充满美好的憧憬，因为我生性包容，文化上也持宽容态度。我认为拉萨是一个非常多元的地方。我们这儿还有清真寺。事实上，我发现拉萨有三座清真寺，其中一座就位于寺庙旁边，而那座寺庙是佛教中心。拉萨汇聚了全国各个民族的人。我认为拉萨是一座兼容并蓄、多元化的城市。我很欣赏这一点，而且我认为它还会变得越来越多元。"

"非常感谢你分享自己的故事，"我对益西旦增说。

"应该的，"他回答道，"我想这次采访里最精彩的部分应该是我自己的故事。诸如国家为村民提供住房项目之类的故事，人们已经有所耳闻。但这里真正的故事是我的求学之路——关于教育如何改变我的人生，让我从小村庄的男孩变成高校的副教授。

"西藏也拥有这种激励年轻人的环境。我有一些朋友经营生意，政府提供各种各样的优惠政策，帮扶年轻人创业。我也有朋友当了律师、教师、教授。这就是我书中的主旨——中国有适宜的政策和环境来帮助年轻的少数民族学生接受教育。这就是我的故事。"

而这又是多么精彩的故事啊。我本可以和益西旦增待上几天，不过他已经同意与我合写《魅力西藏》，我应该会很快再见到他。

下次来西藏，我希望采访一些益西旦增的学生，因为我听闻他满腔热情地鼓舞人心，引导学生不拘泥于书面知识，在实际生活中亲自体验语言与文化的丰富多彩。

或许我和益西旦增合写《魅力西藏》的时候，我可以旁听他的一些课程。毕竟，去年夏天，我们厦门大学一名 51 岁的门卫拿到了法学学位，我意识到，在中国果真是活到老学到老。

图接且（译者注：藏语"谢谢"的音译），益西旦增。关于益西旦增我简直可以写一整本书。不过，我从汉族教师杨元建身上了解到了更多西藏文化。他和妻子不仅志愿在四川甘孜难以居住的环境中向藏族学生教授知识，而且还向藏民传授藏族自己的文化！

10

杨元建：藏族人的赤脚教师

任何一个国家扶贫工作的关键都在于良好的基础设施和医疗保障。然而，要实现可持续扶贫，关键在于教育。可是，正如我们在西藏双湖所见，穷地方很难招到好老师，因为优秀师范生一出校门就被好学校抢走了，穷学校往往只剩下那些在别处找不到好工作的老师。

幸运的是，在中国，从 50 年代起，来自全国各地好学校的热心教师（包括我们厦门大学）都志愿前往贫困地区生活和工作。对于宁夏、西藏和其他偏远地区而言，庆幸的是，那些支教老师都是精英——包括像杨元建这样获奖无数的教师。这名汉族教师不仅帮助改善了藏族人的教育水平，而且还努力帮助他们更好地理解和尊重藏族文化！

可能有人会奇怪，为什么像杨元建这样一个多才多艺的人会选择当老师呢？要知道 90 年代以前教师的薪资水平是非常低的。但是，在中国，教师职业备受尊敬。除了中国，还有哪个国家不是仅在教师节，而是一年 365 天每天都在出售尊师贺卡呢？而且，一日为师，终身为师。90 年代中期，在福建太姥山一座拥有千年历史的道观里，我碰见 30 个人，正在庆祝与老师重聚。我本以为那是他们的高中或大学老师，但事实并非如此。那是他们 30 年未见的幼儿园老师！

教学，熔铸在血液里

在中国待了30年后，我理解杨元建为什么如此热爱教学，不过我发现他热爱教学还有另一个原因：教学已经熔铸在他的血液里。

"我出身乡下，"杨老师说，"父亲是乡村教师，母亲是农民。他们给我最大的礼物是教会我生活简朴，努力工作。"

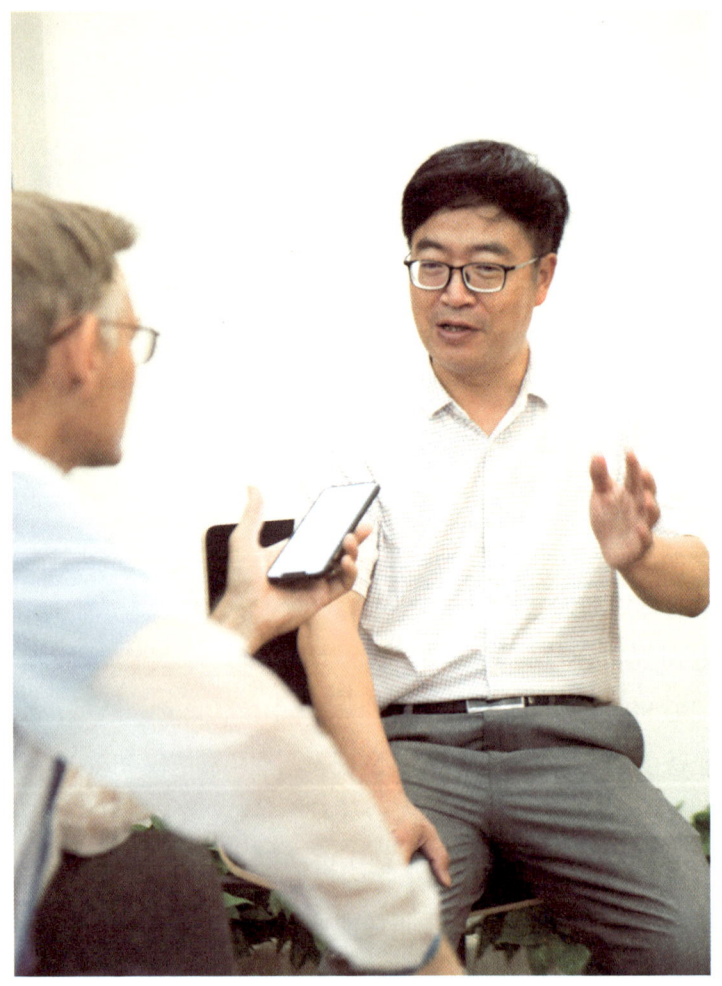

2019年7月22日，在成都采访支边老师杨元建
（摄影：朱庆福）

1988年，杨元建将父母的教诲付诸实践。他被派往一所农村小学，这是他担任的首个教师岗位。"学校离公交车站有半小时路程，条件非常艰苦。我带的第一个班汇集了一年级到六年级的学生。那时中国施行应试教育，有些人刚刚开始谈论'素质教育'，但没人知道它的意思——只知道它可能比应试教育好。过分关注考试，老师和学生一样叫苦不迭。我们相信教育应当提倡德智体美劳全面发展，于是开始探索新的教学法。"

意外当上足球教练

杨元建并不太热衷体育，不过，当上班主任后，他组建了一支班级足球队——他从没想过这帮吵吵嚷嚷的赤脚乡下孩子能成为冠军。"他们条件不好，打着赤脚踢球，"杨元建说，"但我希望踢球能帮他们缓解学习压力，强身健体。校长抱怨踢球影响学习，我不愿让步，校长就把我的球拿走了。我自己掏钱，又买了个球。可是人们听说校长把我的球没收了，都很生气。'他只关心考试和成绩！'有人替他鸣不平。"

当然指责是容易的，但校长自己其实也面临着巨大的压力。当时，中国学生寒窗12年只为一个目的——顺利通过高考。不仅学校以考试成绩论优劣，而且要是哪些老师带的学生考不好，还会受到家长批评。社会上已经有一些对教育改革的探讨，但往往说起来容易，做起来难。所以，我既敬佩杨老师的坚持，又同情校长，不过，没过多久，这位校长就成为这支小足球队的热情支持者。

有两年时间，杨元建的学生都在偷偷练球，甚至还到他的老家四川自贡去训练。"每个学生开销两毛钱——一毛用来坐200公里公交；一毛用来吃午饭，买一碗豆腐，两个人分着吃。拿不出两毛钱的孩子，我都帮他们付了，尽管我当时1个月的工资也只有几十块。"

一位领导听说了杨元建的秘密足球队，给了他们几个球，以示鼓励。校长也改变了态度，开始跟进训练——尤其是当他们拿下市冠军之后。

"我们球队的风格就像巴塞罗那队一样——有很多传球,"杨元建说,"我的队伍从一年级起就一起踢球,擅长传球,别的队伍根本都碰不到球。我们打败了市里最好的队伍,之后又以 8:0 的比分赢得了首场区级比赛,所有人都惊呆了。没人敢相信这一切。第二场区级比赛,我们以 3:2 的比分击败了市里最好的队伍。可遗憾的是,我们以 1:3 的比分输掉了第三场比赛,尽管乡下孩子耐力好,但速度不行,他们身材比不上城里孩子,乡下孩子都是 1.2 米左右的身高,而城里孩子差不多有 1.4 米、1.5 米。不过,即使只拿到第四名,我们已经非常激动了——尤其是发奖以后。前三名的奖金分别是 150、100、50 元,第四名没有奖金,但我们的表现给教育局领导留下了深刻印象,给我们发了一个 200 元的特别奖——比第一名还多 50 元!"

"你们的奖金比第一名还多,第一名的队伍没有因此不高兴吗?"我问道。

"一点也不!"杨元建说,"后来,我们的球队拿下了市里第二名。人们都以为我是体育老师,可实际上我从没学过或教过体育。我只是个语言老师,觉得有必要改变教育方式,于是就做了一些摸索,最后选择了足球。"

热情的老师,志愿支教甘孜

拿到四川师范大学硕士学位后,杨元建被派往四川龙泉教语文。当地领导对他抱有很高的期待,对他讲:"你是研究生毕业,我们把最差的班给你。假如能把他们带好,就证明你有能力。"

杨元建的学生确实不守纪律,但他用心去完成教学任务。"最后,他们都取得了很大进步,"他说,"学生们信任我的最大原因是他们相信我是真心关怀和关注他们的。为了赢得学生的心,点燃他们的学习热情确实费了一番心思,但我带的一个又一个班级都做到了。"

2005 年,杨元建获得了硕士学位,想去西南大学读博进修。尽管他的入学考试分数很高，可那边的老师却没有要他。这是一段痛苦的经历，但他没有放弃，最终靠自己的坚持得到了西南大学的肯定。学校安排他当办公室主任，实质上是校长助理。

"担任办公室主任时，我了解到我们学校每年都派教师到甘孜援藏支教，那边迫切需要更多老师，甘孜生活条件非常艰苦。2012年，我向学校申请到甘孜支教，得到了批准。"

在杨元建支教的甘孜县城关第二小学里，教师一半是藏族，一半是汉族，全校10余个班级共六七百名学生——多数是藏族。杨元建被安排教科学课——他以一贯的满腔热情传授科学知识，就像带球队和教语文时那样。

实践式教学

"让我吃惊的是，"杨元建说，"他们没有全职的科学老师，只有一些兼职的。学生们压根儿没做过科学实验。他们确实有实验设备，但没人用——可能是因为他们不知道怎么用。"

杨元建带着未来的小科学家们用广口瓶、烧杯、酒精灯等设备开展日常实验，很快使他们着了迷。别的老师都强调靠传统的死记硬背备考，杨元建则彻底摒弃死记硬背的方法，强调"以做促学"。后来，他带的班级在县里的考试中均位列头两名。他的教学成果本身就是最佳的证明。

杨元建还帮助当地老师解决了各种问题，受到了老师们的欢迎，从写调动申请，到修理机器，几乎无所不能。"老师的电脑坏了，我会帮着修。需要电脑培训，我会教他。复印机打印机坏了，我会去修，连机子卡纸,我也能把它弄好。我自己也不知道该怎么解决这么多问题，不过我会先自学，再去教他们。老师们非常感谢我的帮助，我们关系很亲密。"

"他们还让我帮忙操作多媒体设备，实际上我自己也没用过，"杨元建说,"所以我就自学,然后教给别人。甘孜这边的设备比中国其他地区要好,中央政府在这边的教育投资力度很大。我在别的地方从没见过这么高级的设备。

"有一台价值 10 万元的索尼摄像机,配了几百页的说明书,比甘孜电视台用的都好!学校怕把摄像机用坏了,竟买了个保险箱把它收了起来。'我们不怕把它用旧了,'学校党支部书记说,"就怕把它用坏了!'于是我研究了说明书,给他们演示如何拍视频。接着又发现没人会做后期,于是我就买了本教后期制作的书开始自学,然后把现学的知识都教给他们。后来,有人打趣说:'你是我们的万金油,写作、摄像、摄影、脚本、后期等等——全都能拿下!'

"我越是学、越是教,和其他老师的关系也就越亲近。在甘孜支教的那年过得很快,出于对健康的考虑,支教老师一般只能待 1 年。"

再来 1 年?

在甘孜的最后 1 天,校党支部书记对我说:"假如你再待 1 年,学校就给你租个房子。学校要是不给你租,我就自己出钱给你租。你会留下吗?"

听后,杨元建深受感动。"我喜欢这里的人,"他说,"我的工作很有意义。我帮助学生们进步,还向老师们演示如何运用科技,改变了这里的老师。毕竟,科技对他们来说并不陌生。他们用苹果手机。于是,我从科技入手,赢得了他们的信任。"

同样让杨元建感到自豪的是,他还帮助藏民更好地了解了藏族文化!"藏民有句俗话,"他说,"藏族人会走路就会跳舞,会说话就会唱歌。"甘孜的学校充分利用藏族人对音乐的热爱,教孩子们跳西藏踢踏舞——堆谐。2008 年,这种舞蹈被列入中国口头和非物质文化遗产保护名录。尽管这种舞蹈多次获得国家奖项,但西藏人却对它的背景知之甚少。

"堆谐已有 700 多年历史，但是却没有文字记载，"杨元建说，"这种舞蹈起源于哪里？它的历史是什么？没人答得上来。于是我写了 2 万字的研究报告，探讨甘孜儿童堆谐舞的奥秘。"

杨元建写到了堆谐的起源和历史，介绍了它是如何传入甘孜的，当地人对它的改编和发展，以及它持续受到人们欢迎的原因。他还记录了甘孜堆谐舞者的成就和经历，以及他对堆谐舞未来发展的希冀。"我把论文交给了省教育厅，他们一读完就发传真给甘孜县教育局，向我表达了衷心的感谢。后来，甘孜县教育局告诉我：'你为这所学校、县文化局和宣传部做了件好事。你做了他们从未做到的事！'"

高海拔生活的危险

杨元建热衷探究堆谐舞如何反映了甘孜人民面对逆境时积极向上的人生观。"甘孜的生活非常艰苦，"他说，"人人都有高原反应，严重起来我半个月都睡不着。"

"甘孜和拉萨的海拔不是一样吗？"我问道。

"是的，"杨元建说，"但这里条件更差。狂风像狼一样嚎叫。冬天，屋里的水都能结冰，蔬菜直接冻在勺子上，像在冰柜里一样。我们没有冰箱，因为根本没必要！

"我也不敢生病，因为一生病就很难康复，甚至容易引发死亡。3 年里，我失去了两名同事。一名 40 多岁的女老师，有一天觉得头晕，回家后躺下休息，这一躺就再也没起来。还有一名体重超标的老师，刚一出门，突然倒地猝死。我自己也差点死过一回！仅仅是得了一场感冒，感觉却像要没命似的。"

"尽管如此艰难，您还是留下了？"我问道，惊叹于他的勇气和奉献。

"2012 年，每次我回家探亲，党支部书记都开车送我到车站，我特别感动。于是，我同意再教 1 年，不过这次我把妻子也带来了，她和我在甘孜待了两年，藏民们非常敬重她。"

拥抱其他文化

杨元建认为在甘孜度过的3年是一生中最有意义的时光。尽管他就是老师，但他仍然从藏民身上学到了不少。"年轻时，我会做一些鲁莽的事情，比如质疑应试教育。但是在甘孜，我了解到社会发展必须一步一步进行。人们不会接受快速的改革。"

"您遇到过文化冲击吗？"我问道。

"大家可能都遇到过，"杨元建说，"藏民的思想、情感、观念和我们差异很大。"杨元建读过中国知名人类学家、社会学家费孝通（1910—2005）的作品，这位北大社会学教授研究中国民族群体，向世界介绍中国文化。"费孝通教授倡导多元文化主义和相对主义，认为文化没有优劣之分。开始我们感觉藏民皮肤黝黑，身材强壮，很凶悍的样子，但后来我们了解到他们其实都是非常善良的人。"

这使我想起了1994年在安多初遇藏民时的第一印象。3名人高马大、皮肤晒得黝黑的藏民包围了我。他们穿着色彩鲜艳的服装，宽腰带上挂着长长的匕首，我整个人几乎瑟缩起来，可他们咧嘴一笑，用手比画着问能不能和我照张相！

"在甘孜这3年，"杨元建说，"我对藏民产生了深深的敬意。首先，即使在这么严酷的环境里，他们仍然能做到积极乐观。其次，他们信仰坚定，从不杀生。第三，藏民们的感情深沉纯粹。有一次我听到有人在大哭，以为谁受了欺负，结果是一位老师舍不得与自己的学生说再见。"

再见，甘孜

杨元建在任教的最后一天，与自己的学生告别，"有两个孩子哭得很伤心。我写了一篇文章《再见，甘孜，我的第二故乡》，讲到了党支部书记在我离开甘孜前一天晚上来拜访我。第二天早晨五点，书记还开车送我去车站，即使时间那么早，全体学生家长也都赶来送我。这样简单纯粹的感情令我不忍离去。"

"在甘孜支教结束后您回去过吗？"我问道。

"还没回去过，"杨元建说，"不过，学生们经常来看我们，我们联系很密切。汉族和藏族人民如今比以往更亲密，互帮互助。这种手足情对于我们国家的长治久安是有好处的。"

"我看到整个西藏的生活水平都有所改善。那甘孜呢？"

"现在生活水平提高很多！"杨元建说，"2012 年，去甘孜的 90 公里路要走 4 小时，现在只需要 1 个多小时。人们都盖了漂亮的房子，社会秩序也好了很多。即使出现问题，通常也是藏民之间发生矛盾，而不是汉族人和藏族人发生矛盾，所以晚上出门也不必担心——不过我得给你讲个故事！"

爱上藏民的幽默感

"有一天下班已是深夜，我打车回家，出租车司机是个藏民，副驾驶上也是个藏民。我把家里地址告诉司机，结果他朝反方向开去，沿着窄路越开越远。司机开上一条驶离镇子的路，我拿出手机，打算一有不测就给学校打电话。'你要带我去哪儿？'我问司机。

"'阿拉伯半岛，'司机说，他继续开着。最后，他把坐在副驾驶位子上的那位藏民送达目的地后，才把我送到家。刚才他只是在开玩笑。藏族人喜欢开玩笑！我逐渐了解到，藏族人都是非常温暖善良的。"

我也可以证明藏族人的温暖善良——不过我敢肯定，藏人在杨元建和他妻子身上看到了同样的禀性。自学成才的足球教练、科学老师、多媒体大师、藏族舞研究者——这位"万事通"老师是我所见过最有天赋的老师之一。他本可以轻松地选择在顶尖学校中打拼事业，但是却选择来帮助藏民。

这也是世界上人口最多的国家决胜扶贫攻坚战的原因：自上而下富有远见的领导和自下而上的基层热情，这份热情体现在正如杨老师这样的基层人物中，体现在像冯友根这样的人物中——这名湖南花农的儿子懂得如何"闻花识利润"，将一片荒村改造成为世界级花园和国家级旅游景区，帮助当地农民摆脱贫困。

11

冯友根：花农的儿子

冯友根现已是湖南湘潭最富有的企业家，但是，在小时候，他们一家7口人挤住在一间小房子里，而他就像灰姑娘一样睡在煤堆旁。不过，冯友根的故事比任何童话都令人称奇，因为他积累财富、帮上千人脱贫，靠的不是魔法，而是热情、坚持和原则。

我问冯友根，一个贫穷花农的儿子竟能够斥资近25亿元，将2000多公顷的乡村荒地变成国家4A级旅游景区和教育基地，他是如何挣到这么多钱的呢？

"我小时候生活很苦，"冯友根说，"母亲独自生下了我，甚至连脐带都是她自己剪的。到70年代我家只有一间半屋子。一间是茅草屋顶，一间是瓦片屋顶，家里甚至连门都没有。"

"因为家里太穷了，所以我小时候总被人欺负，"冯友根说，"于是我努力奋斗，拼命挣钱。1989年，我当上了一家国有农场的处长，但是那年我辞掉了工作，一头扎进竞争的海洋！"

中国的改革开放政策创造了海量机会，人们的兴奋之情席卷全国，就像19世纪40年代的加州淘金热一般。冯友根跟父亲说，他也打算出去闯闯。父亲支持他，不过建议他先在人多的地方试试看。

冯友根心怀希望，他骑着自行车来到人多的河东区，却发现那里的每个人也都在指望赚钱，竞争非常激烈。他思索着如何找到自己的细分市场，碰巧来到一家机械厂，看到一台价值 820,000 元的塔式起重机。"建筑热才刚刚开始，"年轻的冯友根想到，"这笔买卖合算！"冯友根仔细研究了市场，大胆地做出判断，而他精心计算的豪赌最终见效了。他买下那台塔式起重机，以 100 多万的价格转卖，赚了 20 万。

"那时我只用纸币，"他说，"于是我把赚的钱带回了家。数钱数了一整夜！我原本的工资只有几十元，那 20 万元让我的未来更有希望了！"

热爱花卉的农家儿子

冯友根用这 20 万元借力湘潭强劲的经济增长，投资其他企业、房地产、酒店等。到 2006 年，他已是湘潭最富有的人。然而，就在房地产业开始升温时，他把所有家当都拿来投资一片荒村，想要把那里改造成为占地 800 公顷的盘龙大观园。家人和朋友都惊呆了。"我是花农的儿子！"冯友根有力地回应那些怀疑他的人，"我从小就对花耳濡目染。我热爱花卉！"

在不到 1 年的时间里，湘潭就被评为中国十大宜居城市[7]，所有人都认为，大观园的入场时机和选址堪称完美。湘潭很早就开始强调在追求发展的同时，不忘保护环境的国家指导原则。当然，这些原则都符合古代道家哲学之"道法自然"。冯友根的盘龙大观园顺应了湘潭的发展趋势，并且顺势而为，成就了一番新天地。

冯友根很快证明，即使是对花卉的热爱也能盈利。父亲不仅教会他如何养花、卖花，还教会他如何分辨哪些花挣钱。"兰花挣钱，"冯友根说，"所以我小时候满山遍野地找兰花。我闻就能闻出它们的位置来！"

---

[7] 见湖南省娄底市人民政府网站 www.hnloudi.gov.cn。

新时代，新农业

冯友根很快意识到，要想成功，小时候那种传统农业的路子走不通。"过去，"冯友根说，"人们都在为吃穿发愁，湖南地形多山，上上下下的，不可能搞现代农业。除去开支，一亩地（1/15 公顷）只产出 1200 元利润。我们必须搞创新才行。"改革开放开创了农业新时代。

多亏了令湘潭接轨全国市场的现代基础设施、优惠的商业政策和环保激励措施，冯友根由此开阔了视野，经营项目不仅涵盖传统农业，还涉及景观农业、生态农业、旅游农业。冯友根说："湘潭是毛主席的家乡，除了红色旅游，为什么不再搞个绿色旅游，让世界为之惊艳呢？"

作为一名精明的商人，冯友根非常谨慎，他要确保每个盘龙大观园的风险项目都能盈利。否则，大观园就无法持续发展。但同时，他又要求竭尽所能，给宾客带来最佳体验。"我想让宾客享受这里的园区和美食，流连忘返，这样他们就会经常回来游玩。"

与村民共赢

我问那些土地被用来建设盘龙大观园的农民怎么样了。冯友根咧嘴一笑："我租下了指方村 300 多公顷的地——拆除村民的房子时，他们可高兴了！你知道为什么吗？因为我们给他们的不仅仅是钱！原先指方村只是一片荒山野岭，我却把它改造成了植被茂密的绿色公园，还为村民盖了新房，提供了生计。他们的年收入已经从 2009 年的 5000 元提高到了如今的 5 万元。"

正在给桃树除草的指方村村民袁金钢告诉记者："自从有了盘龙大观园，我们的合作社再也不用担心桃子没有销路，日子一天天红火起来。"这片将近 5 公顷的土地上种有 536 棵果树，每年出产 1 万公斤优质黄桃，多数都被游客买走了。"每公斤 30 元，能卖 30 万元呢！"袁金钢感叹道。[8]

指方村很多合作社现已成为花卉产业链不可分割的一部分，他们充分利用盘龙大观园的平台做市场营销。很多村民都开起了农家乐（旅游农舍），其中至少 20 家年收入超过了 40 万元。

"这是共赢，"冯友根兴奋地说，"村民很乐意与我们合作，因为我们不仅是合作伙伴，更是亲人！"

知识是最好的慈善

冯友根仔细研究了国家扶贫措施，他认为，帮助湘潭摆脱贫困的头等大事是良好的基础设施。于是他斥资上千亿元，修缮、翻新了 30 多公里道路，甚至包括并非直接与其项目所在地相通的道路。此外，冯友根还意识到，老百姓致富的又一大障碍是缺乏教育。正如冯友根所说："扶贫斗争中，授人以鱼不如授人以渔。知识是最好的慈善。"冯友根在自己的花园、餐厅、酒店里雇了很多没受过教育的村民，而且还斥资百万，为孩子和成人办教育。

冯友根邀请湖南农业大学和其他机构的专家，向农民和员工传授花苗、水产养殖、家禽养殖知识和果蔬栽培技术。他还在 1 年中组织了 20 场讲座，普及市场经济的基本原理。不仅如此，冯友根自己现在也是一名公认的专家。他主动投入数万元学费，积极学习。"我从失败中学到的东西和从成功中学到的东西一样多，"冯友根笑道，"久病成良医！"

"有些人爱收集古玩，"冯友根说，"而我爱收集异国花卉。"他的花园汇集了 100 多种樱花、800 种杜鹃花、1200 多种莲花，以及 200 多种兰花，还有 150,000 多棵树，如红枫、黑松、罗汉松。但是他吃过苦头才知道，异国花卉需要符合异国特点的养护方法。他从澳大利亚进口了价值 80 万元的佛肚树，结果不到 3 年就全死了。他还花 200 万

---

[8] 见《湖南日报》2019 年 6 月 6 日报道。

元从越南和缅甸进口紫色鼠尾草，最后却发现，这种草尽管在靠近越南和缅甸的广东地区长得好，可是在湖南却活不了。冯友根并没有沮丧。"实践、实践、再实践，"他说，"学习、学习、再学习！要么不做，要做就做到极致。"

只要是在日本、韩国、加拿大、美国或者其他国家发现新的珍奇花卉，他都会尽可能找到所有相关的栽培书，把它们买下来，之后花数百万元请人翻译成中文。时至今日，他都会读书到深夜，钻研技术，再教授给他人。多亏了他百科全书般的专业知识，他现在有了另一个头衔——湖南农业大学园艺系本科生导师。

热心教育

作为终生学习的倡导者，冯友根面向各个年龄段的学习者投资办学，但他尤其热衷于唤醒城市孩子对自然奇观的热爱。"很多城里孩子从小到大对自然界一无所知！"他说，"所以，每年都会有超过30万名儿童参与盘龙大观园项目，了解世界各地丰富多样的花草树木。大人也喜欢这些，所以孩子们自然也会把家长带来！"

冯友根已经通过"盘龙教育基金"创办了两所希望小学，并捐资近5千万元，帮助了470名各个年级的学生。每年，冯友根还为4—5名优秀学子发放2万元的大学奖学金。"我会查阅学生们的成绩单，选出认真学习的学生。假如他们家庭有困难，我肯定会帮助他们。"

不过，冯友根还知道，热爱比坚持更重要。于是，在查阅优秀学生的成绩单之后，他会问学生："你毕业后打算干什么？"假如学生拿不准主意，他就鼓励他们寻找自己热爱的事情。"假如不打算把专业做成事业，那么在这个专业上花费时间和金钱是没什么意义的，"他说。

我问冯友根："你见过像你一样热爱花草树木的人吗？"

冯友根犹豫了一下，说："有那么一些，"他说，"但很少。我相信商业成功和爱好密切相关。假如你的职业也是你的爱好，而且你对此充满热情,那么你就有动力。"

我点头表示同意,说:"那么,我们应该想办法提高学生对各行各业的热爱,将职业规划课纳入教育改革,让学生们找到爱好,做出正确选择。"

"你说的对,"冯友根说,"应当理论与实践相结合。正如农民在田地里播种庄稼,教师也在黑板上播种理念,教师的'播种'引发新的实践,而新的实践又催生新的理念。假如老师的理论与实践脱节,那么他的学生也只会是平庸之辈。实践出真知。"

冯友根对这个话题越说越起劲,就像老师在课堂上一样。"就拿中国杂交水稻之父袁隆平来说吧,袁隆平说过,'书本知识很重要。我是搞水稻研究的,但是书本里面长不出水稻,只有田里面才长得出,要实践!'就是因为袁隆平长期扎根稻田,才培育出一代又一代的杂交水稻。"

冯友根令我想起了我在哈佛商学院遇到的教授,他们让学生分析真实生活案例,自主推断相关的理论和实践。尽管哈佛商学院将这种教学方法视作创新,但这种做法作为中国教育的基本要素,已存在数千年之久。孔子本人也通过启发式的提问来教学,敦促学生自己思考。正如孔子的名言:"不愤不启,不悱不发。举一隅不以三隅反,则不复也。"(译者注:教导学生,不到他想弄明白而得不到的程度,不要去开导他;不到他心里明白却不能完善表述出来的程度,不要去启发他。如果教给学生一个方面的知识,他却不能由此而推知其他三个方面,那就不再教他了)

热情加原则

显然,强烈的热情推动着冯友根前进,而热情之所以能够创造财富,是因为建立在这四项原则之上:

"首先,坚决拥护政府领导。

"其次，专注经济效益。

"再次，尊重和遵守法律。

"最后，给员工提供良好待遇。"

"我们必须像对待家人和朋友一样对待员工，"冯友根说，"因为公司的成长有赖于每位员工的贡献。只有这样我们才能战无不胜。当老板的必须要知道'钱散人聚，钱聚人散。'员工为什么跟随我们？为了更光明的未来和更美好的生活！所以，必须要有这样一种精神：'种得多，收的多；种的少，收的少。'"

"一个人不要追求给自己的下一代留下什么，"冯友根继续说道，"要追求能够为这个社会留下什么。所以我从未将盘龙大观园视作自己的财产，它是属于国家和社会的。另一方面，假如人人都竭尽所能，人人都献出一点爱，那么社会必将变得美好。"

10多年来，冯友根一直在为盘龙大观园竭尽所能。他每天早晨6点就到园子来，经常工作到深夜。"十年磨一剑，"他说，"种了30万棵树。每棵树都是我亲手栽种的。我亲自设计了大观园里的一切。我为大观园忙了很久，它最终会变得像仙境一样美妙。"

中国的未来

冯友根对盘龙大观园的未来充满信心——也对中国的前景充满信心。"中国幅员辽阔，人口众多，所以我认为中国的机会也远比其他国家多。中国人过去曾经为吃穿苦苦挣扎，但这个问题现在已经解决了！我今年58岁了，亲眼见证了中国几十年来的发展。如今，中国的北上广一线城市一点也不逊色于欧洲等发达地区的大城市。即使是在城市发展方面，这些一线城市也比国外很多大城市强得多。我去过100多个国家，就我个人经验而言，我们在技术和城市建设方面可谓世界领先。"

冯友根也很看好农村发展。尽管很多人指望通过对外贸易来带动经济增长，但冯友根却在中国乡村看到了财富。"相对落后的地区实际上发展空间更大，"他说，"中国只有 30% 的土地是城市，剩下 70% 是村镇。我认为，随着社会的发展，农村蕴藏着大机会。土地是无价之宝，它能够让我们应对挑战。这 2000 多公顷的土地（盘龙大观园）是一块白板，可以随心所欲地涂画、创作！"

我们一起享用了一顿湖南特色菜，冯友根绘声绘色地讲述了湘潭发生的巨大改变。之后，他带我们参观他的酒店。冯友根的酒店是镇上最好的酒店，即使已有 10 年历史，看上去仍旧像新的一样。显然，冯友根对这家酒店和对自己经手的一切事情一样热情。不过，正如他所说："我的事业证明，成功的秘诀就是 3 个词：真诚、用心、坚持。"

冯友根认为，他的成功多半要归功于自己的根和中国的改革开放。"我的根在湖南。没有湖南根和中国根，就算到了别的国家，也没法成功。要是在中国都没成功，在别的地方就更不行了！这也是为什么我的孩子不移民。我希望在哪儿播种，就在哪儿开花结果——就在湖南。"

这位花农的儿子确实做到了开花结果——而且，靠着他的热情、坚持和原则，为湖南乃至全中国带来了财富。第二天，我高兴地得知，即使是十八洞村等湖南最偏僻的少数民族村落也在欣欣向荣地发展。年轻人纷纷从城市涌向家乡，试图抓住家门口的新机遇。

12

十八洞村：精准扶贫的摇篮

谁是习近平？

对于十八洞村来说，11月3日是个非常喜庆的日子，因为就在2013年的同一天，习近平主席来到十八洞村考察，提出了中国要在2020年实现脱贫的目标，村民们自然要好好庆祝一番。不过，习近平来考察时，一些村民甚至都没认出他。

当习主席从面包车上下来时，一位村民在说："看着确实像。"

"可是他为什么要来我们这个偏远村子呢？"村民的朋友问。

习近平热情地握住一位苗族大妈的手，这位苗族大妈64岁，叫石爬专，人称"石大姐"。石爬专从没出过村子，也从没看过电视。她不识字，只会说苗语，所以她并不知道习近平是谁，不过她还是热情地欢迎这位陌生人。村党支部书记施金通帮他们翻译。石爬专说："该怎么称呼您？"

习近平说："我是人民的勤务员。"

施金通见她还是很困惑，解释道："这是习总书记。他是来看您的！"

石爬专问："习总书记是谁？"

"习总书记是中国最大的官，"施金通耐心解释道。

"多大的官？"石爬专问。

施金通说："最大的官，像毛主席！"

地处湖南大山深处的十八洞村（摄影：朱庆福）

　　石爬专的眼睛瞪大了。她虽说不识字，但毛主席她还是知道的。苗族人曾经为毛主席和红军提供了宝贵的补给，指引他们在苗寨中穿行，帮助他们摆脱国民党的围追堵截，在长征路上生存下来。石爬专意识到，眼前这位不是一般的客人，她紧紧握住客人的手。

　　十八洞村许多村民对老村寨以外的世界一无所知，因为自古以来，巍巍高山和深谷湍流便将他们与外界隔离开来。直到 2012 年 3 月，壮观的矮寨大桥（世界第 13 高桥）建成通车，才结束了十八洞村与世

2019 年 11 月 11 日，在湖南十八洞村与苗族老奶奶合影
（摄影：朱庆福）

隔绝的状态。大桥横跨苍翠的山谷，离谷底有 300 多米，车子上了桥，只见桥向远处延伸，穿入云里消失不见，那感觉与其说是在开车，不如说是在飞。

村民们庆祝 11 月 3 日并不令人感到意外，因为这值得他们庆祝。2013 年习近平走访时，村民人均净收入仅有 1668 元。房顶漏雨，墙壁上用泥土打满了补丁，挡不住风呼呼地吹进屋里。村里倒是通了电，但是除了在天花板上吊一个昏暗的灯泡，再买不起别的电器了。尽管村子不再与世隔绝，但缺少发展的原动力。习近平来考察村子，提出了"精准扶贫"的重要论述，给十八洞村的发展按下了"快进键"。

在1个多小时的讲话里，习近平谈到了要自力更生摆脱贫困，要因地制宜发展当地经济，从"输血式扶贫"转变为"造血式扶贫"。最后，他说道："我想我们到2020年能做到这点。"

没人能想到中国会在接下来的6年中帮助8239万人脱贫，贫困人口比例从10.2%骤降至1.7%。即使是十八洞村，人均收入也从2013年的1668元猛增至2019年的12,128元。官方正式宣布十八洞村终结贫困，但苗族村民不需要官方公告来证明这一点。一批批年轻人从城市返乡，已经足以证明十八洞村前景一片光明。

石爬专——国民大姐

精准扶贫需要精确掌握当地实际状况和致贫原因，于是，习近平2013年考察的第一步便是了解当地民生。习近平仔细审视石大姐昏暗的屋子，问道："家里种不种果树，有没有菜园子？够不够家里吃？养不养猪？"

"没种果树，"石大姐答道，"年景好的话，就够吃；不好的话就不够吃。我们养了两头猪。"

"养了猪是自家吃还是卖？"习近平问。

"怎么能自家吃呢？"她说，"得卖了换钱来养家。"

习近平看到，石大姐家薄薄的被褥破旧不堪，在海拔700米的山上，夜里天气凉，这被褥远不足以御寒；米缸和谷仓也几乎是空的。他马上派人给全村225户居民送去暖和的被褥，以及米、油等其他日用必需品。

习近平还去瞧了石大姐养的猪，看是不是养得膘肥体壮。之后，他拉着石大姐的手，在火盆前的凳子上坐下。"您今年多大年纪了？"习近平问她。

"今年 64 岁了，"她答道。

习近平笑了："您今年 64 了，我才刚 60。您比我大 4 岁，我得叫您大姐。"

从那一天起，石爬专就成为国民大姐，国内外的客人纷纷来到十八洞村，与她合影留念。

习近平跟石大姐告别时说道："假如有什么需要或者困难，一定要让我知道。"

石大姐毫不犹豫地脱口而出："我想去看看天安门广场！"

习近平离开后不久，石大姐以及和习近平交谈过的另外两名老人就收到了邀请，前往北京。他们头一次坐了飞机，怀着激动的心情游览了天安门，还登上了中央电视台《星光大道》，之后带着满满的回忆回到家乡。单是此番经历，已经足够向全村人绘声绘色地讲上很多年。

习近平接下来走访的是一对 70 多岁的夫妇——施成富和龙德成的家。施成富足足上过 5 年学，在村里就是个文化人了。他认出了习近平。两人握手时，总书记问道："你怎么认得我的？"

"电视上见过，"施成富说。

"我本人和电视上像不像？"习近平问。

"一模一样！"施成富说。

施成富的妻子没上过学。谈话间，她已经拉着习近平的手把他迎进屋，之后才得知，这名来客是中国的最高领导人。"我就站在他旁边，"她后来说，"我才到他肩膀！"

习近平参观了老两口的家，问他们收成怎么样。他在施成富家门前的小坪院里和村民们聊了 1 个多小时。习近平阐述了他的"精准扶贫"理念，建议村民们充分利用中外游客都非常感兴趣的苗族文化，打造文化旅游、手工艺品生产支柱产业。他还建议村民们种水果，比如梨和猕猴桃（新西兰知名的奇异果便是百年前来自中国的猕猴桃）。

习近平的愿景启发了村民们的想象。不过，没人比身在 1000 多公里外的杨超文更兴奋了。杨超文放弃了在家乡发展的机会，选择去沿海省份浙江打工。

杨超文——十八洞村先生

45岁的苗族企业家杨超文在后脑勺的头发上剃出了"十八洞村"几个字，我见状差点笑出声来。他确实有商业头脑！

杨超文帮自家村子脱了贫，现在备受大家的尊敬和爱戴。他年轻时跑到大城市去找工作，也满心希望在大城市讨老婆。杨超文的村子实在是太穷了，没有姑娘愿意嫁到这穷乡僻壤。

杨超文打小就梦想摆脱贫困。他觉得没必要浪费更多时间上学，因为上学不能填饱肚子，于是他初中辍学，想方设法要发家致富。他种过庄稼，制售过木炭，卖过米粉，也养过鸡鸭——可是都没有成功。他说："那时候我感觉一辈子可能就这样了。"

杨超文无奈，只好去城市谋生。"城市生活的节奏快，让人压力很大，"他说道，"不过比待在十八洞村老家好太多了。"

杨超文在城里过得不错。他没有技术，就从小工做起，很快便掌握了技术本领，干起活来兢兢业业，老板很器重他，每月给他开5200元的工资，还有休息日。杨超文对城里的生活很满意，直到后来，他在电视新闻上看到习近平走访十八洞村。

杨超文激动得颤抖，连晚饭都吃不下。他不想放弃一份有前途的好工作，但是，"我渴望带领家乡老小摆脱贫困。"

杨超文的妻子表示怀疑："在十八洞村，咱们两人和两个儿子有什么未来可言？不要辞职！就先请个假，之后还能回来。"

于是，杨超文请了假。几周后，他的妻子打电话过来问他为什么还不回来，他说："你知道现在火车票很贵。春节车票便宜！"

妻子同意了，可是到了春节，县里派了一支精准扶贫工作队带领

2019年11月11日，在湖南十八洞村采访苗族村民杨超文（摄影：朱庆福）

村民们开始创业，这又点燃了杨超文的热情。"我老婆不高兴，"杨超文说，"可我有信心能成功，最终她会加入我的。"

习主席曾建议他们做文化旅游。于是，2014年春天，杨超文让嫂子开了十八洞村第一家农家乐（农家特色的住宿和餐饮）。他们抱着成功的期望开张营业，可两个月后就关门了。到店的游客寥寥无几，由于没有冰箱，他们备下的食物都变质了。

杨超文没有气馁，开始尝试养鸡。第一次养了七八只全死了；之后他又买了十几只，全都活了下来。杨超文胆子大了起来，他买了700只鸡，可是却发现这些鸡养起来很费钱，也不好卖。杨超文一脸严肃地回忆道："那年亏了两三万元，多半是跟亲戚朋友借的。"

不过，杨超文的决心和坚持给村领导留下了深刻印象。"你确实能干！"一位领导说，"帮我们建设村子吧！"于是，杨超文开始一心一意推动乡村旅游和商业生产。他们整修了苗寨的传统木屋，使其恢复美观。通到村口的道路刚刚拓宽，他们便在村口盖了一座漂亮的牌坊。

杨超文还推广丰富多彩的苗族文化。刚到村子，苗族姑娘便来迎接我。她们身着美丽的刺绣服装，头戴银头饰，敲着苗族大鼓载歌载舞。之后给我端上用陶碗盛装的苞谷"威士忌"——一种口感香醇的酒，为我本就快乐的心情带来阵阵暖意。

"我们的目标就是要让村子富起来，"杨超文咧嘴笑着对我说，"我们实现了这个目标！"

"幸福人家"农家乐

能够建设自己的村子，杨超文很高兴，可他还梦想能开一家农家乐，尤其是在看到 2015 年开张的巧媳妇农家乐获得成功之后。

"我想再试一把，"杨超文说，"可我家穷。我有一家老小要照顾。我借过钱，也亏光了。叔叔待我像亲儿子一样，劝我再试试。可我没有房子。叔叔把他在梨子寨的房子免费给我用，对我说，你能行！"

杨超文帮助建设了十八洞村，村民们十分感激，纷纷帮他的新项目申请贷款，精准扶贫工作队的队长为他的农家乐争取到了"幸福人家"的注册商标。

2018 年，杨超文的客人实在太多，于是他在竹子寨开了第二家农家乐。现在，他的两家农家乐雇了十几名村民，靠着乡村旅游，他还带领另外十几户村民富了起来。杨超文终于实现了儿时的致富梦。不过，他有更远大的计划。杨超文说："吃水不忘挖井人。生活幸福了，不能忘了党。没有精准扶贫政策和习主席的关怀，就没有我们老百姓今天的幸福生活。党的恩情我们感激不尽！"

杨超文很感激政府的帮助，不过他也强调了自力更生的必要性。"我们必须给自己鼓劲儿！"杨超文说，"为什么呢？因为，政府已经把村容村貌和基础设施方面的工作做得很好了，我们必须靠自己，才能自力更生,把生意做起来。政府不能光给我们发钱。那是不可能的。我们必须自己想法子。假如我有好点子,我可以申请帮助,政府肯定会支持我——可我们必须尽自己的一份力!"

"幸福人家"的由来

我们在"幸福人家"农家乐吃午餐。杨超文问道:"你们知道'幸福人家'的由来吗?一切都是从那天开始的:我叔叔在火盆边坐着,觉得有点累,打算出去散散步。他打开大门,竟然看到习总书记来到了我们村!他简直无法相信自己的眼睛。村长告诉习近平:'这是我们村的退休教师。'"

"习近平笑着和我叔叔握手,问:'你是退休教师?'叔叔回答说是的。习近平说:'好、好、很好!'"

这一连三个"好"至今仍回荡在杨超文叔叔的耳畔和心田。为了纪念与习主席的这次见面,杨超文的叔叔写了一副联子,横批便是:"幸福人家"。

"这,"杨超文得意地说,"就是'幸福人家'的来历!"

如今,杨超文一家确实是幸福人家。他和妻子、孩子生活在十八洞村,而他也已经实现了儿时的成功梦。

"你妻子对这里的生活满意吗?"我问道。

杨超文咧嘴一笑:"好吧,她觉得日子还可以更好,我在努力!"

我笑了:"我结婚38年了,我也还在努力!"

我们坐在矮木桌旁的竹凳上,杨超文说道:"至少游客们都很开心。"他指着午餐的十几盘菜肴说:"这些都是本地产的——蔬菜是山上新鲜采摘的,豆腐是家里做的,鸭蛋是鸭子刚下的!也有来这吃大餐的,去美丽的大山里露营的。我们有20多个露营场地呢!"

"在城里打工时,"杨超文说,"我们特别羡慕城里有高楼和公园。我们为什么不能改造一下自己的村子呢?当然不能建高楼大厦,我们的楼房必须保留苗族传统建筑的风貌,但是我们村现在比城里的一切都要好得多!"杨超文咧嘴一笑,又说道,"而且这些是我们自己做到的!"

年轻的苗族导游说:"我原先也在城里闯荡,但我从深圳回来了。"她笑了,接着说,"哪儿好也不如家好,尤其是自己家乡繁荣发展的时候!"

我惊叹政府能够下功夫帮助一个偏远的苗族小村,而十八洞村并非个例。几天后,我们在中国西南的云南中缅边境地区见到了一群傈僳族人。就在10年前,他们还是世界上最贫困的人群,如今却已经有了新房子、新生活——尽管他们有几百人根本不知道如何打开新房的门……

13

傈僳族人：傈僳大地富起来了

云南西部地区是中国最贫困的地区之一。当我们要去那里拜访居住在中缅边境的傈僳族时，我以为这一路上的生活起居就要因陋就简了。出乎意料的是，我们入住的竟是希尔顿酒店。1994年，我从西藏开车回家，路过云南，当时我怀疑整个云南省都没有一家五星级酒店，而现在就连傈僳都有了五星级酒店！

怒江傈僳族自治州村落全貌（摄影：朱庆福）

两排身着五彩服饰的傈僳人夹道欢迎我们入住,他们载歌载舞,演奏4根弦的傈僳鲁特琴(其奔)和竹制口簧琴,此情此景让我格外高兴。多么热情的迎接呀!我没想到他们知道我们要来。后来才发现,他们确实不知道我们要来。欢迎仪式是为了迎接来参加2019年皮划艇野水世界杯的中外选手。比赛将在浩荡的怒江举行,滔滔江水自西藏高原奔涌而下,流经2815千米注入印度洋。

地球上最有音乐才华的少数民族

6名傈僳族年轻人在酒店大堂弹着吉他,唱着优美的和声。他们的歌声令听众着迷,在傈僳族"芒宽乡基督教合唱团"拿下2006年北京国际合唱节特别奖之后,更是吸引了世界各地的听众。多亏有公路终结了傈僳族的原始封闭状态,帮助中国最贫困的地区脱贫,也多亏有

2019年12月10日,向村民学奏傈僳笛(摄影:李晋泰)

乡村工作坊、中学傈僳音乐教学等遗产保护项目（与 30 年前年轻的习近平给福建畲族民众的建议非常类似），全世界的听众才得以领略傈僳音乐的魔力。

和许多民族一样，傈僳族新近才有书面文字，他们先前用歌声来传唱辉煌的传统和故事，不过，与地球上其他任何民族都不同的是，他们还用音乐来化解冲突！冲突双方你来我往地对唱，还有一名"法官"，把"判决意见"唱出来，引人入胜。这种音乐对战通常会持续数天，直到得出结论，或者直到大家唱得累垮。

我早就想现场聆听傈僳族的音乐。当我得知在偏远山村中接待我的主人安排了在第二天举办一场传统表演，我非常激动。我甚至还混入乐队，吹起了傈僳笛（我吹得很小声，因为此曲只应天上有，容不得一丝丝刺耳的杂音）。

第二天一大早，我从希尔顿酒店退房，有电视台记者来找我采访。他们发现我不是皮划艇运动员，就很快失去了兴趣。可我敢保证，我接下来听到的故事远比皮划艇队的采访更带劲。我见到了热情的扶贫队领导，他们坦率地分享了成功的经验和失败的教训。我还听到了村民们令人难忘的故事，比如一位 33 岁的傈僳族女实干家，从穷人成长为商人，开上了宝马车。当家人在屋顶上准备丰盛的大餐时，她谈起了自己的故事。我明白了为什么一百年前帮助傈僳族创造文字的富能仁 (James Fraser) 说这里的大山美不胜收，可以与他心爱的瑞士阿尔卑斯山相媲美。

1994 年，我开车从西藏回家，路经云南西部，本想去看看傈僳族的寨子，无奈当时路不好走，和一个世纪前差不多。100 年前，傈僳人用滑索过河，富能仁这样的登山老手也耗了 4 天才走完从驼峰到保山的 70 多公里路。富能仁的女儿记录了父亲这次远足："他徒步行进，因为没有骡子能翻越陡坡或蹚过怒江的急流。"

我庆幸如今这段路只需要两小时的车程，不需要像富能仁在日记中描述的那样得徒步跋涉 4 天：

> 多么壮丽的景色，宽阔宏大，我不禁驻足欣赏——深色的山峰重峦叠嶂，烟云缭绕，远处则是巍然耸立的怒江分水岭，像一堵坚实的墙挡在路上。向下走啊，走啊，走啊，不时停下欣赏壮美的景色。到达水城傈僳族村时已近日落，我们浑身湿漉漉的，蓬头垢面，疲惫不堪。

云南的美丽吸引了富能仁，而傈僳人则更令他着迷。他在腾越（译者注：今腾冲）的中国集市上初次邂逅傈僳人：

> 你一定会注意到他们。他们穿戴头巾、彩带、白色裹腿。妇女们身着五彩服装，上面点缀着贝壳和珠子。

富能仁试着用汉语跟他们交谈，却发现"他们一个字也听不懂"。傈僳人不讲汉语，居住在偏僻山坡上的竹屋里。傈僳人善射是出了名的，年轻人会射下女朋友头上摆放的苹果，全当玩乐。尽管他们捕猎技能高超，农业自给自足，但仍是勉强度日。即使到了 21 世纪，仍有超过 71% 的傈僳人处于贫困，很多人因为小伤病而英年早逝。

2012 年，云南省制定《怒江州扶贫攻坚总体方案（2013—2017 年）》；2016 年 10 月，怒江出台《怒江州脱贫攻坚全面小康行动计划》，以更高的标准制定扶贫目标。仅仅 3 年时间，这里发生的变化便足以令我惊叹。

2019 年，我们沿高悬于怒江之上的"美丽公路"驱车而行，看到长达数公里的新公寓楼群，均配有太阳能照明和热水器。政府把这些房子免费分配给傈僳族，帮助他们从不宜居的大山中搬迁出来，从此远离危险，延年益寿。当然，这些变化之所以成为可能，是因为各级政府投入了巨大的资金和人力。中国领导人在 20 世纪 80 年代吸取了教训，知道光靠钱是不能解决问题的，如果掉以轻心，援助还会造成依赖。傈僳人脱贫的关键不是单纯用钱来解决问题，而是派干部们去帮扶贫困户，这些干部自愿放弃事业和家庭，连续 3 年与贫困户一同工作和生活。

扶贫干部们怀抱着良好愿望和宏伟目标来到傈僳村，可是却发现，很多傈僳人对外界一无所知，甘于贫困，甚至听天由命，接受孩子生病和早夭。许多干部深为震惊。因此，比单纯提供经济援助更重要的是改变傈僳人的态度。这些自愿来此的干部们富有热情、坚持不懈，开拓了傈僳人的眼界，给了他们自食其力摆脱贫困的意愿和勇气。

砍大门

福贡县委宣传部部长过建文生动地向我们分享了他的成功与失败。由于在大山里生活困难、寿命短，过建文曾以为傈僳人会毫不犹豫地接受山谷里的免费新房，可许多傈僳人不想要新房，也不想工作、学习——连钱也不要！

"很多人甚至连钱都不要！"过建文说，"因为他们不明白钱有什么用。"傈僳人衣食住行都从山里取材，钱在山里是没用的。他们只会偶尔下到山谷里来，卖鸡换盐。"我们沿着悬崖峭壁修路，把混凝土路修到了偏远村寨。在那之前，一些傈僳人一辈子从生到死都在山上度过，没下过一次山。"

"他们打心眼里害怕离开大山！"过建文说，"于是，我们说：'就试一段时间。要是真的不喜欢，那就回山里来。毕竟，山里的土地还是你们的。'"过建文咧嘴一笑，"没有一个傈僳人在体验过山下生活后选择回到山上。毕竟，谁都想过好日子。"不过，过建文从未想到接下来会发生什么。

过建文知道很多傈僳人不识字，不会说汉语，却不承想他们连钥匙也没见过。"一个村有 320 户分到了新房。不到半年，我们不得不给

120户换了门和锁。他们不知道怎么用钥匙,于是用斧头把门劈了下来。"

之后,干部们就特别留意要教傈僳人如何用钥匙,如何用电和家用电器。

"我们不仅给他们新房钥匙,而且还给了各类生活必需品,尽量让他们过得舒适,因为他们完全不习惯山谷里的生活,"过建文说,"我们连沙发、窗帘、被褥都给他们买好了,觉得工作做得还不错,可他们抱怨没有柴火,不能像在山上那样烧火取暖,于是我们出去给他们买了更多的被褥。"

"我们这些干部在村里没有休息日,"过建文说,"有些干部一年只能探亲一两次。我们有时就像保姆一样。"过建文不禁叹了口气,"我对自己的父母都没有对傈僳人这样上心。"

除了免费住房,扶贫干部还给傈僳人提供职业培训,解决就业。许多傈僳人同意去珠海工作,一个月挣3千多元,加上1万元的政府补贴,一年可以挣5万。"一家6口在珠海工作,一个月能挣两万,"过建文说。

但过建文最大的难题是教育。"不上学就没有未来!"他这样告诉傈僳人。可许多傈僳人担心孩子上了学就会离开家,自己老了没人照顾,就连孩子们自己也看不出上学有什么实际用处。过建文说:"为了让孩子们上学,我们得亲自上门找他们!这些孩子可能头一天还在学校,第二天就跑了。所以我们得把这些孩子一个个从山上带下来,给他们买书包、衣服、鞋子,带他们去学校——就算是这样,有些孩子你刚把他们留在学校,他们转头就溜回山上了,还得再把他们找回来。"

"我们有个学生辍学去江西打工了,"过建文说,"我们花了将近20万元,派两名干部飞去江西找他,把他劝了回来。还有一些孩子去了西藏,我们又跟着他们到西藏去。我们别无选择,因为习总书记说过,不让一个孩子掉队。所以,无论他们去哪儿,需要花多少钱,我们都得把他们找回来!"

一些学生搬到了云南中南部的元江县，说什么也不肯回来，于是过建文联系元江县官员，安排学生在当地学习。"我们给学生一小笔助学金，每周电话一次，确认他们仍在学习，"过建文说，"假如失去联系，我们会派人核实情况。他们不学习，我们会被问责，所以我们不能让任何一名学生辍学。"

尽管有过挫折，但过建文仍对已经取得的成绩很满意，他很高兴能拥有像段家峥这样的同事。段家峥是咱利村第一书记，和过建文一样心系脱贫。

满腔热忱的赤脚第一书记

和中国各地的很多第一书记一样，段家峥暂时放下了前途光明的高薪事业，离开家人，开始了为期3年的脱贫斗争。他大学一毕业就进了政府机关，之后迅速升职，从农业技术员做到农业局局长、供销合作社主任和发改局局长。

"您究竟是为什么到这儿来呢？"我问，"您已经有了那么好的前程。"

段家峥笑了："我生在农民家庭，所以对脱贫很热心。"2015年，段家峥走访咱利村，了解致贫原因，而后写了一篇报告交给领导，领导为他设立了扶贫办公室。段家峥说："这是第一次有国企设立扶贫办公室。"

段家峥刚来的时候，68.9%的村民生活在贫困线以下。于是他和扶贫工作队伍挨家挨户走访，了解具体情况，确定最佳扶贫方法。如今，咱利村150户人家、583名村民已经100%脱离贫困线。段家峥自豪地说："我们没让一个人掉队。"

在农业局工作时，段家峥曾与世界银行和英国政府谈成了一笔贷款，于是他利用自己与农民、企业、政府打交道的丰富经验，帮助村民通过商业实现脱贫。段家峥成立了一家公司作为扶贫平台，又开设了一家农业合作社和一家养猪场。非洲猪瘟期间，村民们养的猪都被宰杀了，他们很灰心。不过段家峥果断采取应对措施，带领村民们养了 86,000 多只鸡。"我们给每个登记在册的家庭每人发放 5 只鸡，"段家峥说，"每只鸡有 4 公斤饲料。"

猪瘟灾情过后，段家峥留意不让咱利村的鸡蛋都放在一个篮子里。现在咱利村人均拥有草场和果园 2 公顷、茶园 0.4 公顷、核桃树园 0.8 公顷。他还利用草料和水果加工厂，加大工业支持力度。"我们必须从公共福利转变到市场化上来，"段家峥说，"过去，我们采用输血式扶贫，所有资源都直接给百姓。现在我们有了'积分制管理'，让那些肯工作的人得到好处。"

"这 4 年来，咱利村村民的思想意识有了很大转变，"段家峥说，"比如，以前他们觉得洗澡对身体有害。现在再去走访他们家，人人都很整洁，衣服挂好，被子叠得整整齐齐。"

"我们的 81 个傈僳族看林人以前刀耕火种、劈木柴，把山林破坏了。现在，他们保护森林和野生动物就能拿工资，我们的森林覆盖率超过了 85%。要想把生态优势转变为经济优势，就必须保护环境。这是我们发展的基础。"

段家峥还推动基础设施建设，"以前盖房子很贵，因为没有路，运不了建材，把物产和产品运到市场上也很贵。2016 年，我们遭遇了 147 次山体滑坡。现在，我们村每家每户都通了路"。

对于给傈僳族提供免费住房，段家峥也很自豪。这些房子不仅安全干净，更让傈僳人高兴的是，和全国各地少数民族的房子一样，他们的房子上也有传统部族建筑的设计元素。

和过建文一样，段家峥也为不想上学的孩子们发愁。10 年前，很多孩子都辍学了——甚至是从小学辍学。不过段家峥现在不需要面对辍学问题了。福贡县政府每年拨款 100 万元帮学生交学费，每月下发 800 元生活补助给考上大学的贫困生。"我们跟学生说，'知识创造未来。'

如今，咱利村共有 234 名学生，其中有 9 名大学生、27 名中学生，多数是小学生。我想这个变化是很大的。"

段家峥笑了，他对自己村子取得的成就很满意，"我们都出身乡下，都是农民。我们有责任，有感情。我们是农村人，扎根农村，没有理由不好好扶贫。习近平总书记说过，我们决不能落下一个少数民族、一个贫困群众。我们也许只是帮助了一个村子或一个家庭，但确实是在做实事，让老百姓受惠。"

赵宇——少数民族第一书记

我很高兴能听到少数民族第一书记的故事，比如赤洒底村第一书记赵宇。赵宇是一名白族人，拥有硕士学位。2017 年 2 月，他自愿前来援助傈僳族，先是被派往鹿马登乡，之后又被派往赤洒底村。

看到傈僳族普遍贫穷，赵宇很痛心，旋即展开多项深度调查，与多名傈僳人会面，试图更好地了解问题。他了解到，傈僳族贫困的原因不只是经济上的，而且还有心理上的。村民们懒散地等待援助，缺乏主动应对贫困的精神或勇气。赵宇下了很大力气进行教育和动员，终于解决了这个问题。

赤洒底的贫困农民主要靠养猪和种茶、草、核桃为生。不过，到 2017 年年末，已有 80 户 302 人摆脱贫困；2018 年，又有 339 人摆脱贫困。赵宇看到，和多数贫困地区一样，赤洒底的穷根在于基础设施落后、过度依赖自给自足的农业、缺乏教育及不识字；村民们不识字，无法接受职业培训，找不到更好的工作。这些问题已经超出了赵宇的能力，于是他向政府请求帮助。

世界各地都有许多农民深陷贫困，这是因为农产品作为廉价大宗商品成吨出售，88% 的利润都被中间商赚走了。2018 年 4 月，赵宇帮助收购了价值 100 万元的 12 公顷茶园和茶叶加工厂，为赤洒底村民赚回了中间商的部分利润。21 户人家组成了一个合作社来采茶和加工，每户能挣 4 万多，远比销售未加工茶叶挣得多。

2017 年，赤洒底村总收入 1135 万元，农民人均净收入超 6200 元，较 2016 年增加了 600 元。赤洒底村的投资现在相当多样化，有 1833 公顷草场和果园，每年创收 240 万元；1396 公顷核桃树、8 公顷山茶、37 公顷胡椒、971 公顷茶叶，每年创收 250 万元。村民们还搭建了 350 个蜂箱，而赵宇培训了几百人从事各行各业，包括建筑施工、家畜养殖、家政服务等，甚至还培训人们用本村日渐知名的红茶制售精品茶饼。

2019 年 7 月，赤洒底村开了 1 家超市、5 家家庭作坊。作为一名少数民族，赵宇非常热衷了解傈僳民俗。20 世纪 80 年代末习近平为福建畲族所做的示范，以及后来苗族和其他少数民族的实践可以证明，民族文化、工艺、民俗经常可用来打造旅游业和制造业细分市场。于是，赵宇带领村民开了 4 家合作社，为 48 名村民提供为期 3 个月的培训，生产民族服装。

赵宇遵守国家方针，在促进经济发展的同时不忘保护环境。为保护森林，政府投资"电子柴火"，拨款 26,9100 元，安装了 69 台太阳能热水器，雇佣 8 名村民作为护林员。

果不然，赤洒底村民像家人一样热爱第一书记赵宇——尤其是在他救下村里的一个孩子之后。2018 年 12 月 6 日，赵宇发现一位村民两岁的孙子友登大腿骨折，10 天了还没有接骨，伤口严重感染，仅是在接受乡下草药师的治疗，孩子家里没钱接受医疗救护。于是赵宇自己掏了 500 元给孩子父亲，催促他送孩子上医院。最终孩子得救了。

这些第一书记满腔热忱，极富同理心，难怪可以赢得傈僳人的尊重、信任和热爱。仅仅在 3 年前，傈僳人还是"贫困户中的贫困户"，如今已经开始走向富裕，就像傈僳姑娘胡秀花一样——这位农村姑娘已蜕变成为一名女商人。

富有企业家精神的胡秀花

33岁的企业家胡秀花腼腆地带我们参观她小时候居住的茅草屋。屋子中央是火塘,晚上一家人就围坐在火塘边上。如今,她住进了一座现代化新房,家里有壁挂式电视和现代家用电器。

胡秀花的故事可以证明,习近平所强调的培养自力更生的能力,是最有远见的扶贫方法。尽管胡秀花经历了痛苦与失败,但如今她对自己和自家村子的未来都充满信心。

胡秀花生于福贡县珠明林村,父母都是普通农民,家里的收成永远不够吃穿。胡秀花从小辍学,帮助家里打理庄稼来维持生计。10多年来,她卖过蔬菜和农产品,在建筑工地搅过混凝土,尝试过各种行当。胡秀花20多岁时,做事勤奋,坚持不懈,引起了明湖村第一书记衡立普的注意。衡立普鼓励她多积累经验。胡秀花开始做一个工程项目时,亲自搅拌水泥沙子,学习建设工程的基本要领。2014年,胡秀花独立承包了一些小项目,但这些项目难度大、利润低,每当不能及时给工人们发工钱时,她总是感到很难堪。有几次她几乎就要放弃。2018年年底,就在她打算放弃时,她幸运地遇到了中交第三航务工程局(以下简称中交三航)的领导李常智。胡秀花在"美丽公路"上建造的挡墙给李常智留下了十分深刻的印象,李常智邀请她为中交三航干工程,但考虑到之前的挫败经历和给工人结款不及时的问题,胡秀花表现得很谨慎。

"别担心,"李常智告诉她,"我们会按时发工资的,你也能按时给你的工人发工钱。"

按时给工人发工钱的承诺吸引了胡秀花,但她还是担心。李常智后来说,为了说服她,村领导和她去了胡秀花家不下10次。"我们是来干扶贫的,"李常智对她承诺,"我不会骗你的!"

胡秀花最终同意了,她第一次坐上飞机,去考察一个高速公路的建设场地。工程的规模和专业的设备令她感到震惊，但也没了信心。她以前只做过小项目，也担心自己的工程队不愿离开山里。

"我安排一个 2000 方的挡墙工程给你，"李常智说，"你可以先试试看。"胡秀花还是很矛盾，可是内心深处却想："这家企业确实关心我们，不能让领导失望。我至少得试一试。"

胡秀花和她的农民施工队来到工地上时，没有人嘲笑她，她松了口气。实际上，经验丰富的承包商都欣然接受了她，这个害羞的乡下姑娘也放心大胆地寻求建议。每个人都出谋划策给她指导和帮助，她的工程队也从原来的 9 人增加到了 40 多人。不到 1 个月的时间，胡秀花就顺利完成了测试项目，赢得了承包商的信任和尊重。不过，真正令胡秀花兴奋的是，即使技术水平最低的工人，她都能开出每月 4000 多元的工资，平均能给职工开每月 7500 多元的工资，而且再也没有拖欠过工资。

胡秀花很高兴，不过第一书记衡立普可不会让这位刚富起来的农村姑娘故步自封。"你做得不错，"她对胡秀花说，"不过，你要帮助更多村民开阔眼界，发家致富，帮助他们摆脱贫困。"

第一书记衡立普参与制定了村里的劳务输出政策，通过提供补贴，确保稳定就业和适足工资。不到 1 年，胡秀花和她的乡亲们就富了起来，她买了自己的第一辆车——一辆宝马车。如今，胡秀花尽管外表看起来很富有，但内心仍然是原来那个害羞的乡下女孩。每次回家，她都帮父母干农活，探望村里的老人。谁家有人生病、残疾，或者上不起学，她都会很快施以援手。作为一名辍学生，她说："我不希望有哪个孩子不得已辍学。"

胡秀花的同乡都为她感到骄傲，但她认为，没有村领导的指引、鼓励和支持，她永远也不敢离开怒江峡谷。胡秀花说："我希望用个人的能量和博客的力量帮助更多有需要的人。"

生态傈僳人

傈僳之旅实在太短暂了。我真想花 1 个月时间了解云南的创新扶贫项目——尤其是生态举措。比如，就在 10 年前，傈僳人还在刀耕火种、砍树烧柴，导致树林毁坏，水土流失。如今，这里已上岗 13,889 名生态护林员，其中有 2279 名地质灾难监管员、1793 名河道管理员、891 名边防员。光是生态护林员的岗位就提高了 48,800 人的收入，这些人口占全体贫困人口的 30%。

傈僳发展项目是如此综合详尽，超乎想象，而在过去几十年中，我驾车环游中国 20 多万公里，在中国每个角落看到的都是相同的决心。我越是看、越是了解，就越是觉得这些宝贵的扶贫经验不应当浪费，而是应当编写成手册，帮助中国乃至那些已经受益于习近平"一带一路"倡议的诸多国家对抗贫困。

2019 年 12 月 10 日，采访一户傈僳族家庭（摄影：朱庆福）

然而，复制战略是一回事，复制战略背后的精神是另一回事。我无法想象其他国家的官员能够像中国的第一书记那样，以如此的热情和坚持对抗贫困。是古老的中国精神令脱贫梦从 1949 年新中国成立直到现在都具有勃勃生机。这一古老而又具有前瞻的精神，体现在我在中国遇到的所有中国人身上，从领导到种田的农民无一例外。不过，正如沃尔特·惠特曼所写，最好的东西往往就在家门口——像是我的朋友、厦门大学保安周德新这样的人，我才发现自己并不是真的了解他。

就在我的夏日自驾行临近尾声时，我看到新闻报道讲，过去几年中，周德新为了拿下大学学历，白天守卫校园，晚上学习，终于在 53 岁时毕业。

我从未见过像周德新这样积极奋进的人。我问他，是什么驱使他攻读法学学位？令人惊讶的是，启迪他梦想的竟然是一部小时候看过的关于社会不公的电影。

14

周德新：身心灵追梦

你要去远方寻觅吗？你最后定会回来，
在最熟悉的事物中，找到最好的，或者可称得上最好的东西，
也会在最亲近的人中，找到最甜美、最强大、最深情的人……

——沃尔特·惠特曼《草叶集》

我在中国各地遇到了许多了不起的人物，比如住在内蒙古偏远地区、靠制作传统蒙古小吃为女儿挣大学学费的母亲，以及与贫困群众一同生活工作，只为让家家户户摆脱贫困的"赤脚"第一书记，等等。我还惊叹于有如此多的中国人志愿到条件极其艰苦的地方服务，例如海拔5000米的西藏村庄。他们每一个人的故事都可以写成一整本书。不过，诚如沃尔特·惠特曼在诗中所说，我身边就有好几个励志人物。

我是如何没能教成英语的

20世纪90年代初，有4名校园工人让我每天午饭时教他们英语。我礼貌地拒绝了："真的很抱歉，我教的是商科。我从没教过英语。"一名工人笑道："没关系！我们也从没学过英语！"

3个月后，他们的英语没怎么进步，只好放弃跟我学英语，不过他们坚持认为错在他们，而不在我。有几个月，每次在校园看到他们

手里拿着铁锹锄头，我都会心生愧疚，因为我这个英语老师太差劲了，没能教好这些年轻人。慢慢地，他们都各奔前程了。5 年后，其中一名工人带着一大篮水果来到我的办公室。"我是个差生，"他说，"连字母都没学好。但是您对我们有信心，让我有勇气去上夜校，学会计。后来我找到一份不错的工作，我很努力，慢慢升了职。我刚在老家给家人盖了新房，希望您能来做客！"

我还有两个朋友，住在厦门大学外面一家服装店上面的小阁楼里。他们的店铺特别小，我展开双臂，指尖能碰到两边的墙壁。他们一周 7 天 24 小时都在工作，不过他们乐观豁达，每次见面都招呼我喝茶。他们说："只要肯努力，现在有的是好机会！"他们的店铺对面就是热门景点南普陀寺，所以生意很红火，没几年就开了第二家店，之后又办了一家工厂，自己生产服装，还买了一辆运货卡车。现在他们富起来了，住上了漂亮的房子，还开上了进口的豪华轿车。

从厦大保姆到身家百万的慈善家

我最喜欢杨英女士的故事。这位农村姑娘只上过 4 年学。1981 年，她的中国梦是在厦大教授家当保姆，每月挣 20 元。1997 年，我帮助她开办厦门国际学校时，她已是一名富豪慈善家。直到今天，杨英看上去仍然像一个害羞的农村姑娘，可她已经拥有了几家国际学校和一家创新生物科技公司。杨英和很多中国新贵一样回馈自己的祖国。她为慈善事业捐款 6000 万元，拨款 3 亿元专门用于资助 1000 所希望工程学校，还为农村老家 400 多名退休人员提供支持。可是当我在她家见到她时，厦门国际学校副校长魏伟强告诉我，杨英还穿着那双 20 块钱买来的旧鞋子，一穿好几年。杨英脸红了，害羞地说："佛教和基督教都教导人'自己节俭，慷慨待人'。"

我知道很多像杨英这样白手起家成为富豪的故事，但中国的目标并不是成为富豪之国（这也是不可能的），而是全面实现"小康"——

我的朋友李先生便是一例。李先生是厦门大学的马路清洁工和园丁，20多年来始终兢兢业业。他对待工作认真负责，为自己能够尽一份力，保持厦大"中国最美校园"的荣誉感到十分自豪。无论天晴还是下雨，他都坚守岗位，当台风侵袭校园，不等风雨停息他就和军人们一起出去清理校园了。而李先生最自豪，也最为之快乐的是他上大学的儿子。一个马路清洁工的儿子考上了大学！这也是中国梦。

沃尔特·惠特曼是对的：在我身边的人的确是最优秀的，不过，我完全低估了自己7年来几乎每天都会见到的一个人。

2019年8月6日，在厦门采访厦门大学保安周德新（摄影：揭上锋）

厦门大学的门卫学者

2019年夏天，就在我准备出发，开始两万公里的环游中国之旅时，几个朋友问我知不知道我的朋友周德新——一位53岁的厦大门卫刚刚拿到了厦大法学学位。我回答说:"不知道啊!"不过,就我对周德新的了解,我本不该这么惊讶。

很多年来,每当我走进厦大校门,周德新都会干脆利落地向我敬礼,而我也会向他回一个敬礼(恐怕并没有那么干脆利落),因为我尊重这位退伍军人的职业作风和操守。但我从未察觉出他竟是如此雄心勃勃,直到我得知他经过 5 年在职学习,现已从厦大毕业,这 5 年中他还两度获得优秀学生的荣誉。

记者们得知周德新是我的朋友,问了许多关于他的问题,我只好建议在我的公寓里举办集体采访,因为我也想知道是什么促使厦大门卫走上法律职业之路的。许多人说自己在老师孜孜不倦的启发下,或是受到了励志书的启迪,才选择了自己的职业。而周德新告诉我,他对法律的热爱是被小时候看过的一部外国电影点燃的。

一部电影点燃"我"的中国梦

"我来自火锅之乡重庆,"周德新开始说道,"我家兄弟姐妹多,家庭条件很困难。我小时候偶然看了一部 1951 年的印度电影《流浪者》[9],它的剧情让我很受触动。电影里的法官有偏见,认为好人的儿子必然也是好人,而坏人的儿子必然也是坏人。然而,我知道这是错的。我心想,要是我能找到路子好好学习法律该多好,我要为人讨公道,绝不偏袒任何人,不管是正义之士还是邪恶之人。不过,长大后我进了技校,小时候的梦想也破灭了。即使如此,我并不满足于当下的生活,便进了部队,看看自己是不是能做得好一些。"

"当时你多大?"我问道。

"我差一点 18 岁。为了入伍,我特意把年龄报大了一点。我被分到了西北野战军。"

---

[9] 此部电影于 2012 年入选《时代周刊》"史上百佳电影"。

西北野战军有光荣的传统。20 世纪 40 年代，西北野战军曾击退国民党对陕甘宁解放区的进攻，使得解放军得以重组并顺利组织反攻。但是，20 世纪 80 年代中期，中国各地条件都很艰难，部队里更是如此。"我们主要吃馒头，可我是南方人，习惯了吃米饭。我受不了一天三顿饭都吃馒头，所以在部队里没待多久就退伍了。"

错失梦想与重拾梦想

年轻的周德新退伍成了普通的老百姓，当时正值改革开放日渐升温，他敏锐地察觉到，未来在中国东部。"最好的机会在沿海城市，尤其是像厦门这样的经济特区，于是我们搬来了这里，"周德新说，"但是，作为一个外地人，刚到这里时，我感觉很迷茫。我先是在工厂做工，之后自己开了家小店，可是十几年后，我意识到，这样是没前途的。2013 年，和别的打工者一样，我不再抱有明确的长期规划——只有简单的目标。之后，我得到了在厦门大学当门卫的工作。我偶尔看到新闻里说北京大学接收门卫入学，我就想知道厦门大学是不是也能这样。"

在为外来务工人员提供免费培训方面，北京大学是先行者，不过培训对象都是 20 岁左右的年轻人，课程围绕职业发展、文化和工作技能展开。2014 年，厦门大学更进一步，大胆为学校职工和工人提供学位课程。

周德新儿时学习法律的梦想被重新点燃了，他申请入学。"这并不容易，"周德新说，"我是最后几个收到入学通知的。那时，学校并不看好我，因为他们怕我这么大年纪会半途而废。"

"是的，这种对待大龄人士的态度是个问题，"我说，"不过情况正在改善，也许是因为中国有越来越多的人像我一样老了！"

"情况是在改善，"周德新表示同意，"那时，只有厦门大学有这样的机会，而且直到 2014 年 2 月才开班。如今，每所学校都提供这样的机会，所以我真的很感谢学校能够引领时代。我专心致志地学了 5 年，白天工作，晚上学习。此外，厦门大学的师生也给了我很多帮助，经过 5 年的奋斗，我终于实现了我的小目标。"

"小目标？"我笑了，"厦门大学是中国排名前 30 的院校。就连全日制学生都觉得学位不好拿，你竟然说只是一个'小目标'？"

周德新的最大启示

周德新的人生起步虽晚，但我猜他还有更长远的计划。我问他："接下来打算做什么？"

"下一步，"他回答说，"是参加这个月底举行的国家统一法律职业资格考试。考完试，我会到律所实习 1 年多，之后参加律师执业证考试。我的计划大概就是这样。"

我接着问他，"你妻子怎么看你的成就？"

"我妻子和孩子现在和我住在厦门，他们对我的志向表现得十分淡定。无论我做什么，无论媒体是不是在追捧我，在他们眼里，我仍然是一个丈夫、一个父亲。他们既不支持、也不反对我做任何事。"我问周德新："这一切给你的最大启示是什么？"

"总的来说，我认为，学习可以增长知识，还可以提高对周围世界的认识。不过，坦白地说，我学习的另一个目的是想让大家知道，假如我能做到，那么大家肯定也能做到。我已经年过半百，记性显然没法和年轻人比。我只想告诉年轻人，在当今的社会环境下，尤其是在厦门大学，他们可以通过学习来改变自己的命运。"

"比如，拿到本科学位之后，可以参加法考。之后可以做律师、检察官、法官。对法学生来说，无论是考公务员，还是应聘单位里相对轻松的岗位，都有优势。每个工作单位都需要法律人才来处理日常事务中遇到的各种矛盾。所以，一定要好好学习！"

"如果你的能力或才华不够，无法实现自己的梦想，那你只能自己用功来提高自己。得静下心来学习。美好的人生是奋斗出来的，你坐着不动，荣誉可不会找上门来。"

周德新一定是会读心术，因为我刚想到他就是中国梦的典范，他便说道："每个人都在谈论中国梦，可什么是中国梦？它是中华文明、中华民族、中国人的梦——学习的梦，考上大学的梦。每个人都必须学习，才能实现梦想。这也是为什么习近平总书记总是强调中国必须成为强大的学习型国家。只有通过学习，我们才能知晓和了解世界。"

周德新的中国梦

"周先生，您的中国梦是什么？"一位记者问道。

周德新思索了片刻，答道："我的中国梦就是能有机会终身学习。这样我们才能一起发扬民族精神。民族之魂对人有巨大影响，我们必须有骨气。但是，如今中国梦还有一个身体素质的问题。许多中国人，无论年老或年轻，都大腹便便，体弱多病。他们没有强健的体格来实践中国梦和应对紧急情况。"

"你让我想起了毛泽东发表的第一篇文章，"我说，那是1917年毛泽东24岁时发表的文章。"他在《体育之研究》中鼓励人民锻炼身体，因为人民不强壮，国家就不会强大。"毛泽东写道：

"人独患无身耳，他复何患？求所以善其身者，他事亦随之矣。"

周德新显然不是体弱之人。他采用严苛的部队式训练法，就像充实自己的精神一样努力锻炼身体，他的身材就像功夫传奇李小龙——身上没有一点赘肉。

周德新笑了："毛泽东还说过，'身体是革命的本钱。'"

"而如今，"我补充道，"身体是改革开放的本钱。"

周德新沉默了，他面色凝重，说道："我们初中的合影照上，有6个同学已经去世了。人应当活得健康，能吃能喝，能读书能学习。这样，才有可能让人人享有幸福之梦——至少我是这样理解的。"

周德新的人生哲学

在一次采访中，一位记者说："我想周先生有一套自己的人生哲学。"

"是的，"周德新说，"人生最美的是顺其自然。只有这样我们才能更加放松，有时间、有精力一个个实现目标。我们成功了还是失败了，真的有那么重要吗？我又不是唯一一个没做成事情的人。"

"那么，您的梦想仍然是从事法律职业吗？"记者问道。

"是的，我一直对法律感兴趣，而且法律对当今世界非常有用。举个例子，看看中国和美国吧。我们原先所说的贸易战，后来被称作贸易纠纷，如今只是简单的贸易摩擦。国与国之间存在很多重大问题，因为国家和人一样，是自私的。各国之间仍然存在贸易摩擦，是因为贸易双方都没有很认真地对待国际化。"

记者提出了最后一个问题："周先生，您现在已经出名了，受到的关注也越来越多，那么您希望自己的人生发生哪些变化呢？"

周德新轻轻一笑，答道："无论环境如何，我的头等大事始终是继续把我的工作做好。校园安保工作非常有挑战性，但是克服这些挑战可以提高我和我们整个团队的能力。"

周德新和记者们离开时，我很庆幸自己每天能与像他这样的人一起生活工作。正如我常说的，中国有普通话但没有普通人。谢谢你，周德新，你不仅向自己的团队，也向我们所有人证明了，要想实现中国梦，我们就必须鼓舞精神，强健身体，丰富灵魂。

假如我需要律师了，我会打电话给周德新。

中国治国艺术启迪了 17 世纪的欧洲

32 天驱车两万公里，再回到厦门感觉真好，不过我只在自家床上睡了一夜便动身前去省会福州，因为要聆听一场特别的讲座。

我在厦门的 30 年里，看到了中国的领导是如何诞生的。比如，我们搬到中国的那年夏天,习近平还非常年轻,担任厦门副市长。之后他被派往宁德,那是中国 18 个最贫困的地区之一。他满怀热忱开展扶贫工作,升任省领导,而后调去上海,一直做到国家主席。他得到提拔的原因在于他既热情又能干。

2000 年来,中国总是能举贤任能,正因如此,很多 17、18 世纪的欧洲领导人认为,中国最伟大的发明不是四大发明,而是它的"治国艺术"。中国的治国艺术与西方古板的世袭贵族统治大不相同,无怪乎耶稣会会士翻译的中国政治和社会哲学译本,对欧洲 17 至 19 世纪启蒙时代起到了推动作用。

我希望新中国能启发世界步入小康时代——这个愿景是有可能实现的,因为有国务院扶贫办全国扶贫宣传教育中心前主任黄承伟博士这样的人。我有幸在黄博士位于北京的办公室见到了他,更好地了解了中国摆脱贫困的斗争——不仅仅是国内,也包括国外。

不过,首先我要介绍一下中国的第五大发明,这第五大发明至今仍源源不断地催生出像黄博士这样的领导。

第二章

中国的
第五大发明

15

治国的艺术

> 中国发明了时钟、火药、磁石、指南针和印刷术,比欧洲早了几个世纪;但是直到今时今日依然能令所有其他国家普遍折服的却是他们拥有的——治国的艺术。
>
> ——英国政治家尤斯塔斯·巴杰尔(Eustace Budgell)
>
> 1731 年

我是讲授领导力和战略课程的教授,这个全球人口最多的国家让我印象最深刻的就是她开展的脱贫攻坚战。这场扶贫战役深入彻底,迅速推进,涉及省、县、市、村,甚至家家户户。这是管理学与励志的双重奇迹。

甚至早在 2000 年前,汉武帝就推行了很多在今天看来仍具有"现代化色彩"的改革。为打击腐败,他取缔了所有非中央政府收取的通行费——正如当代中国在 90 年代中期所做的那样——并且罢黜了许多擅长逢迎拍马的王孙贵胄,将其送回乡野之间。当这些无所事事的贵族们发现自己在朝廷中的官职被帝王招来的才华横溢的平民所取代时,他们怒不可遏,却也无力回天。这种任人唯贤的治国制度相当成功,持续了近 2000 年之久。

中国对西方治国方式的影响

中国基于任人唯贤的理论建立起治国制度，深深震撼了西方政坛，以至于英国于1832年在印度实行科举取士制度，继而在1846年将这套做法在英国本土推广，形成了英国的公务员考试制度。对此，英国贵族愤愤不平，与2000年前的中国贵族殊无二致。在1863年7月17日的一次议会辩论中，一位愤怒的英国贵族抱怨道："身为英国人，我不知道我们竟然还有必要向天朝（中国）学习。"[10]

然而，事实证明，全世界都在向中国学习。2013年，英国广播公司(BBC)在其书面文件中表示，中国古代基于能力而非社会关系的招聘制度是所有"现代人才招募"的鼻祖。[11]

让我们粗略地概述中国的历史，揭示巴杰尔为何如此着迷于古代中国"治国的艺术"。早在2000多年前，当时的中国政府就支持人们从事从诗歌、音乐到农业和工程等各个领域的研究。大约在公元前256年，蜀郡守李冰兴建都江堰灌溉工程，将四川变成了中国西部的鱼米之乡。迄今为止，都江堰灌溉了将近1089万亩的土地，而且完美地规避了与现代水坝伴生的环境问题。从1916年到2016年，美国摧毁了1384座阻碍鱼类自然迁徙的大坝，与之相对的是，有2300年历史的都江堰在灌溉防洪的同时却从未阻碍鱼类和船只的自由通行。如此奇迹要归功于李冰在修建都江堰水利工程之时遵循了传承4000年之久的中国哲学智慧——"堵不如疏"，故而能够满足多方面的需求。

当我帮助多个中国城市参与评选国际宜居社区时，欧洲评委最青睐的一条准则就是"联合思维"，意思是"以能够包容所有重要事实的

---

[10] 见科尼利厄斯·巴克(Cornelius Buck)《汉萨德英国议会议事录》，（1863年7月，伦敦）第三系列，第二十二卷。

[11] 见 https://www.bbc.com/news/magazine-23376561

智慧来思考复杂的问题"，即不是孤立地看待问题，而是把它视作整体的一个组成部分来思考。全局思维对西方来说是个新概念，但在过去几千年来一直是中国哲学、治国乃至医学的组成部分。

古代士大夫的创新

中国学者为满足庞大人口的需求而开展了广泛的研究与创新，令人叹为观止。早在 2000 年前，中国就开始使用生物杀虫剂；1730 年在欧洲注册专利的"荷兰犁"，其实是 2300 年前的中国人发明的；中国人在 1000 年前就会运用生物工程技术建造桥梁；在医学方面，自 1952 年以来，天花已在现代中国境内绝迹，这是因为早在 1000 年前，中国人就会通过接种天花疫苗和蒸熏衣服来降低传染病的传播。

1856 年，名为"贝塞麦转炉炼钢法"的现代炼钢工艺在英国注册了专利，但是早在近 1000 年前的中国，当时主持司天监工作的沈括（1031—1095 年）就留下了关于该工艺的文字记录。除了天文学，沈括还在著作中论述了生物害虫防治、气候变化、预防滥伐森林、浮雕地图、针孔照相机、音乐和数学谐波的知识，他的研究涉及地质学、考古学、数学、药理学、磁学、光学（他解释了彩虹形成的原理）、水力学、形而上学、气象学（和不明飞行物）、气候学、地理学、地图学、植物学、动物学、建筑学、农业、经济学、军事战略、人种学、音乐和占卜等专业领域。

如果认为中国"僵化"的科举制度压制了学者创造力的人，一定不知道中国历史上曾有像沈括和张衡这样的学者存在。张衡（公元 78—139 年）是学者、政治家、科学家、工程师、艺术家、诗人和发明家，他发明的地动仪能够探测到 1600 多公里外发生的地震。显然，这些人也不知道苏颂，早在 1000 年前，此人就在我的家乡厦门编著了《本草图经》，发明了世界上首座水运仪象台，其齿轮传动装置堪称现代机械化的先驱。

"旧"中国的市场化程度高于欧洲

"旧"中国在经济和贸易方面的成就也超过了西方。18世纪，中国和印度的GDP占全球GDP的三分之二。

> 中国人发明了火药、指南针、水车、纸币、远程银行业务、公务员制度和择优晋升制度。直到19世纪初，中国的经济比欧洲经济更开放，市场化程度也更高。[12]

难怪17世纪的欧洲人对中国惊叹不已。那时的中国是创新、文明且富饶的代名词。话说回来，面对全球GDP排名第二（11万亿美元，占全球GDP的14.8%）、购买力平价（简称PPP，一种根据人们的购买力来调整国家财富值的评估指标）排名第一的当今中国，巴杰尔又会做何感想呢？

世界应该庆幸中国在PPP中排名第一，因为正是中国人用他们新获得的财富，推动了全球旅游业的发展。麦肯锡预测2020年将有1.6亿中国人出国旅游，中国人的境外消费如此庞大（2017年超过2500亿美元），以至于伦敦马里波恩火车站现在都会用中文播报通知了。

增长和绿化

> 不能毁了"真宝贝"，引来一些损害环境的"假宝贝"。
>
> 习近平
> 2014年11月1日

---

[12] 见Abrami等人《中国为何不会创新》，哈佛商业评论，2014年3月。

虽然中国政府一直受儒家道德观的影响，但道家思想对中国古代注重与环境和谐相处的传统却有涵养之功（1000年前沈括对气候变化、森林砍伐和生物害虫防治的研究就是证明）。大约2500年前，老子就在《道德经》（第二十五章）中提出了"人法地，地法天，天法道，道法自然"的主张。

中国在试图平衡增长与绿化方面面临着许多障碍，但在脱贫战役中，中国的表现不仅不逊于对其横加指责的国家们，甚至还要更出色。2017年，《国家地理》杂志称，在过去的40年间，由于侵蚀和土壤退化，全球耕地面积减少了三分之一[13]。尽管中国的陆地面积约占全世界陆地面积的6.3%，但自2000年以来，中国的绿化面积已经达到了全球总绿化面积的四分之一，其中五分之二来自于扩大林地面积。

2019年我开车在中国各地旅行时发现，1994年我在宁夏、福建西部和甘肃看到的很多荒地，如今已经变成了郁郁葱葱的草原和森林，其中包括蒙古戈壁沙漠中的"绿色长城"。这个绿化项目从1978年开始启动，预计到2050年结束，现已种植了660亿棵树。

中国目前在绿色科技方面的投资远超任何国家，它贡献了全球一半以上的电动汽车销售额，拥有全球99%的电动公交车。[14]

谈到公交车，我想说中国还拥有世界上最好的交通网络。1994年我驱车四万公里环游中国，那时我每天开车10到12个小时，平均行驶300公里。如今，中国拥有世界上覆盖面积最广的公路和铁路网络，这在一定程度上要归功于那些美得令人惊叹的桥梁和隧道，这些隧道是如此之长，隧道内需要播放灯光秀才不会让司机昏昏欲睡。这些基

---

[13] 见 https://www.nationalgeographic.com/news/2017/04/china-great-green-wall-gobi-tengger-desertification/
[14] 见 https://www.weforum.org/agenda/2019/06/china-by-numbers-10-facts-to-help-you-understand-the-superpower-today/

础设施，再加上能够覆盖到最偏远村庄的互联网网络，推动了农村发展和创新，吸引着年轻人从城市返回家乡。

中国正在成为世界上最大的专利申请国。2018年，中国的专利申请数量占全球的46%，约150万起，而美国的专利申请为597,141起[15]。中国还申请了53,345项国际专利（占国际专利总数的21%），其中，在全球608项人工智能专利申请中，中国专利就占了473项[16]。此外，中国农村人口正用事实证明，他们和城市人一样具有创新能力，这要感谢政府出台了促进农村产业和创业的计划。

中国有超过4300个"淘宝村"。农民接受阿里巴巴关于物流和服务方面的培训，掌握在网上销售当地农产品和特产的方法。我亲眼看到在云南西部偏远的傈僳族村庄和福建东北部的畲族村庄，政府提供了广泛的服务和培训，吸引年轻毕业生投身家乡建设。甚至身处偏远地区的藏族牧民现在也可以通过手机在网上买卖东西。

当我第一次看到宁夏农民通过手机进行电商买卖时，我被深深震撼了。犹记得20世纪90年代初，即使在位于沿海地带的厦门经济特区，我也不得不花了450美元、等了3年才装上第一部电话。

繁荣有助于战胜贫困

至少在我看来，中国最大的成就在于这个国家一直在用她新获得的财富解决贫困问题。对此，我从中国官员那里获得的解释是，中国很早就从其他国家的例子中意识到，单靠发展并不一定能惠及贫困人口，要解决贫困问题，必须要制定有的放矢的战略性计划。但是，当中国真的

---

[15] 见 https://www.forbes.com/sites/rebeccafannin/2019/10/20/a-look-at-china-beating-the-us-on-patents-can-be-misleading/#2aec6564302c
[16] 见 https://www.weforum.org/agenda/2019/06/china-by-numbers-10-facts-to-help-you-understand-the-superpower-today/

踏上繁荣之路后，这个国家仍然一如既往地为解决绝对贫困问题而持续扩大扶贫投入的范围，提高效率——中国取得的成就震惊了全世界。

1981年至2011年间，全球贫困人口减少了50%，这个消息令人振奋，但更值得一提的是，同期中国的贫困人口从8.38亿骤降至8417万，降幅达到90%；到2015年，中国的贫困人口已不足70万。[17]

1993年，中国前农业部长何康获颁世界粮食奖，以表彰他"就任农业部长时进行农业方面的改革，使得中国在粮食方面能自给自足。"中国人口超过10亿，占世界人口总数的22%，却只有世界7%的耕地，何部长只用了10年多一点的时间就带领中国取得了如此伟大的成绩，有鉴于此，他的成就格外令人动容。

2000年9月，联合国的所有191个成员国签署了《联合国千年宣言》，制定了到2015年要实现的八个目标，其中第一个目标就是"消灭极端贫穷和饥饿"。中国是第一个实现这一目标的发展中国家，以占世界不到10%的耕地养活了占世界近20%的人口。

2013年，习近平考察湖南偏远的十八洞村时对一群苗族村民说，他相信中国可以在2020年之前消除绝对贫困。举国上下都把这句话铭记于心。仅仅4年后，联合国秘书长表示，"中国的精准扶贫方略是'帮助全世界贫困人口实现2030年可持续发展议程中宏伟目标的唯一途径'"，该议程旨在消除世界各地各种形式的贫困。

2019年12月，世界经济论坛指出，1990年至2015年间，中国的成就使全球贫穷人口减少了五分之三以上。时至今日（2020年），即使2020年的目标期限迫在眉睫，中国仍然充满信心，依然致力于不惜一切代价地消除国内每个角落的绝对贫困。但是，为什么要如此劳师动众？

---

[17] 见 https://www.weforum.org/agenda/2018/12/chinas-long-road-to-poverty-elimination

贫穷不是社会主义

30多年来,我目睹了中国的脱贫事业一步步发展,但一个问题始终萦绕我心,那就是中国为何如此矢志不渝地抗击贫困,尤其是在2012年习近平担任总书记之后。

很多国家所谓的脱贫只是口头承诺,从来没有一个国家像中国这样将消除贫困视为社会、政府和经济建设的基石。

作为一个发展中国家,中国的脱贫战役极富牺牲精神,而反观富裕国家的扶贫举措,不过是象征性地发点钱,最终往往导致穷人更依赖国家的救济,而非走向自给自足。两相比较,我不禁想起了一个老话题:猪和鸡,谁对火腿和鸡蛋组成的早餐贡献最大?猪对鸡说:"你只是下了个蛋而已,今后还可以再下蛋,但我却赔上了性命。"

70年来,中国始终把扶贫工作视作关乎国家存亡的核心任务。20世纪50年代,毛泽东就曾经说过,贫穷不是社会主义。其实,在此之前的几千年里,中国的儒家伦理和道德准则就已经要求政府必须心系民生,遵循由仁、义、礼、智、信构成的"五常"之道。在中国历史上,统治者乃至于整个王朝因为违背"天道"而被推翻的例子不胜枚举。

即使是我所在的福建省,也有关于英明仁政的杰出示例。大约1000年前,泉州——海上丝绸之路的起点,也是马可·波罗离开中国的港口——会在丰年节粮,以便在荒年或台风等自然灾害发生后解决温饱问题。更不消说,在长达2200年的历史长河中一直为中国西部的大部分地区提供水源的都江堰灌溉工程,亦是仁政善政的典范。

责任意识助推脱贫

当今的中国领导人,就像他们的祖先那样,在同样的道德责任驱使下,兢兢业业,为人民提供基本的衣食住行保障与医疗保健。

古代的统治者必须从激烈的科举考试(一些欧洲人称之为"来自

地狱的考试")中杀出一条生路，现代的统治者必须拥有大学学历并证明自己的能力，才能获得逐级晋升。

香港亚太经合组织贸易政策组织执行总裁杜大卫（David Dodwell）在 2017 年写道："美国和中国的主要区别不是资本主义或共产主义，而是美国由律师治国，中国由工程师执政[18]"。

鉴于中国在高铁、超级计算机和首次在月球背面着陆等方面取得的成功，中国这些工程师型官员看起来做得还不错。

新中国制定了严厉打击腐败的政策，向领导人灌输道德责任意识。同样地，现代的年轻领导人在担任要职之前也会像古时候一样，被派遣到远离家乡和关系网的地方历练。例如，习近平先是被派到厦门，然后又去了中国最贫困的 18 个县之一——宁德。在那里，时年 35 岁的习近平提出了许多后来被全中国推广的脱贫理念和方法。凭借在解决宁德贫困问题上展现出的责任心和创造力，他当选为福建省省长，后来又先后走上了上海、北京的领导岗位——他通过实际行动证明了自己的能力。

除了官员之外，政府也在不断向民众灌输理念——战胜贫穷是推动新中国发展的基石。这个理论上听起来很简单，但落实在实践中，让享受城市舒适生活的人们真正关心偏远山区或沙漠地区饱受饥饿之苦的农民，却并非易事。

切实开展脱贫战役

中国的脱贫战役包罗万象，集 70 年不断发展的理念、政策和实践之总成，我之前对此的认知顶多算是管中窥豹，直到后来有幸飞往北京采访中国扶贫项目负责人黄承伟博士。

---

[18] 见 https://stansberrypacific.com/china/china-technology-is-ten-times-better-than-you-might-think/

黄博士与我分享了中国脱贫之战的起步和发展历程，在他的讲述中，我开始慢慢理解了我所目睹的许多变化，也因此更加敬佩这个国家的领导人和民众——从赤脚医生到赤脚第一书记——为实现脱贫目标所做出的牺牲。

然而，采访黄博士给我最大的收获是，在消除贫困方面——这个在当今技术高度发达的世界本该不复存在的"恶魔"方面，中国确有很多经验教训可供世界其他国家借鉴与学习。

16

中国的扶贫之战

> 20多年来（1990-2015年），中国一直是世界有史以来最强大的对抗贫困的武器……在这期间，全球约11亿人口脱贫，每5个之中就有3个是中国人。
>
> ——印度新德里电视台报道
> 2016年2月1日

几乎在所有中国扶贫相关文章中都能找到黄承伟博士的身影，时为作者，时为合著者或写作顾问。不过这也不奇怪，毕竟他是国务院扶贫办全国扶贫宣传教育中心的前主任。

虽然我有幸拜读过黄博士的几篇论文，但是直到我坐在他北京的办公室里，面对面采访他时，我才充分了解到中国扶贫攻坚战的巨大规模和复杂性，才明白中国有太多值得其他国家借鉴之处。

1965年，黄博士出生于中国东南部广西壮族自治区西南部灵山县。纵观黄博士所取得的成就，我觉得他应该自出生以来便从未踏踏实实睡过觉吧。黄博士参与研究和制定全国扶贫政策，包括当今的精准扶贫战略。除此之外，他还是武汉大学和华中师范大学的兼职教授和博士生导师、中国管理科学研究院的客座教授、其他几所大学的兼职教授，并主持约50项调研研究，其中许多研究获得国家社科基金支持。

工作之余，黄博士在各类期刊发表 100 余篇论文，撰写或合著 25 本著作，在担任 45 份减贫和发展相关出版物的总编辑期间，荣获数个奖项。同时，他还担任世界银行、联合国开发计划署、联合国粮食及农业组织、亚洲开发银行、澳大利亚国际开发署、英国国际开发部、香港乐施会和国际行动援助等组织的小组组长。

除此之外，他还时常应媒体、大学和政府邀请进行演讲和接受采访，因此我对占用了他的时间感到些许内疚，不过我还是采访了他，因为没人比黄博士更了解中国的扶贫攻坚战——或许除了习近平外，毕竟他十几岁时就去了乡下，自那时起即开始消除贫困的征程。

以人为本的领导力

黄博士调整了工作安排，为我的采访挤出时间。不过当他走进来时，一身轻松、和蔼可亲，让人丝毫察觉不到他的忙碌。自从 1988 年移居厦门以来，我便对中国各层领导人这种心态感到十分钦佩。我第一次莽然拜访我们主任——刘平博士家时，他放下手头工作，给我泡了茶，还拿橘子给我吃。时值 1988 年，橘子仅在逢年过节时才有，茶也并非日常消费品；甚至连有名的安溪茶茶农都因为太穷喝不起自己做的茶，而改喝其他花草茶。刘平博士展现出典型的中国人待客之道，把最好的东西拿出来招待客人，我们一起聊了两个小时。不过，第二天我才听他的秘书说，那天晚上刘主任熬夜到凌晨 4 点才完成被我打断的工作。

虽然我在中国教了 32 年的领导力课程，但却始终未能参透这种"以人为本"的领导特质。一如黄博士所说，传统的"以人为本"思想正是中国 70 年扶贫攻坚战的基本原则。

黄博士日程很紧，我本以为他会简洁明了地回答我的问题，但他却精确和详尽地解答，还按大主题和小主题依次介绍各项政策和措施。难怪这么多研究生都找他当博士生导师。

黄博士在回答每个问题时都给出详尽的事实和数据，这不禁使我想起此前在北京开会有过几次会面的前总理温家宝。有位欧洲记者曾说温总理拥有堪比电脑的大脑。与像习近平（在福建任职期间）、温家宝这样的中国领导人见过面后，我便明白了杜大卫 2017 年在文章里写道的"中国和美国最大的区别在于美国由律师治国，中国由工程师执政（正如古代中国也是由工程师治国一般）"。

富裕中的贫困有失道德

"中国从何时起开始对抗贫困？"我问道。

"我想分三部分来回答这个问题，"黄博士说道，靠坐在椅子里，就好像教授在向学生授业。我想，在他的办公室里放一块黑板也不为过。

"第一，中国农村扶贫战略的背景以及过去 70 年来的持续发展。第二，为什么以农村地区为目标。以及第三，每个阶段攻克的主要难题。"

"扶贫始于 1949 年新中国成立前夕，"黄博士说，"因为共产党成立的初衷就是要为人民服务，满足人民需求，尤其是最穷困的人民。不过，随着知识的增长和经济的发展，扶贫实践也在不断调整。"

黄博士解释说，共产党从意识形态和实际行动两方面开展扶贫攻坚战。在意识形态方面，共产党强调富裕中的贫困有失道德；从实际行动上，共产党必须满足其最大群体——贫苦农民的需求。因此，和其他任何政党一样，共产党深知，只有给予人民更好的生活才能巩固政权。1956 年，毛泽东提出警示，一个没有实现全社会繁荣的国家不是真正的社会主义国家；社会主义的本质就是要消灭贫穷。

很多发展中国家发现，所谓的"涓滴经济学"无助于消除贫困，而中国从第一天起便坚持以人为本的执政理念。"如果不将人民放在首位，侧重点就变为通过国家发展以实现减贫，并期望贫困地区紧跟步伐。但根据我们的经验，这是不可能完成的目标。"

70年来，减贫始终都是每个发展阶段的核心，而非附加目标或意外收获。黄博士说，"扶贫一直都是全党、全国和全社会的核心工作。每个人都心系贫困地区的发展。"

生存为先

过去几十年来，扶贫措施很自然地从善意、简单直接的援助过渡到更可持续的赋能方法，因为前者会让人产生依赖，而后者灌输的是自给自足的理念。"从1949年到1978年，中国践行计划经济作为一项广泛的减贫策略"，黄博士说道。"1952年，中国实施土地改革，推行公社制度下的农村资产集体所有制，以解决农民没有土地的问题，但领导人逐渐意识到这会打击农民劳动积极性，效率极其低下。"

由于中国农村地区普遍极度落后，他们不得不先将重心放在保障基本生存权（如温饱、基本医疗等）和国家工业化进程上，而20世纪50—60年代的大饥荒和对自上而下救济式扶贫（输血式）的过度依赖让情况雪上加霜。"虽然'救济式'扶贫可满足极度贫困人口的需求"，黄博士说道，"但未能开发他们自身的能力或解决导致贫穷的根本原因，只能加重依赖性。救急不救穷。"

即使经历挫折和弯路，中国经济逐渐迎来发展势头，国家也开始发展全国基础设施，改善灌溉，搭建农村科技服务体系——农村信用合作制，以及快速发展农村基础教育，借此将重心转移至提高农村生产力。

全球首个全民医疗体系

基于名声显赫的150万"赤脚医生"大军，中国还创造出全球首个"全民医疗体系"。该项目极具创新和高效，以至于1974年，美国卫生、教育及福利部印刷了英文版的湖南省《赤脚医生手册》。时至今日，赤脚医生项目仍被视为发展中国家保障贫困人口基本医疗需求的典范。

不过，赤脚医生既非赤脚也非医生。他们都是农民，经过3到6个月的中医和西医密集培训，能够进行基本的急救护理和治疗几百种常见病。其立意在于强调预防胜于治疗，这也是中国数千年来医疗卫生的重心。在中国古代，人们会请医生来调理身体。即便如此，全球各个贫困地区的医疗志愿者却发现，简单的急救常常能起到改变生死，或是避免永久失明或残疾的作用。

这些医疗工作者被称为"赤脚"，是因为他们和赤脚下地干活的农民一样生活在公社中，领取相同的薪酬。因为赤脚医生和患者过着相同的生活，干着同样的活，他们对环境和病人特有的需求都十分熟悉。2008年，世界卫生组织简报《中国的乡村医生发展迅速》中讲述了前赤脚医生刘玉忠的故事：

> 刘玉忠是赤脚医生队伍中的一员，在为村民提供基本卫生保健服务43年后的今天，他仍坚守在岗位上。现年69岁的他被患者誉为一位兼具爱心和精湛医术的医生。尽管他自己说："我只是泛泛地学了些皮毛，但什么都不专。"他补充说，"赤脚医生在村里，有很多好处。患者都是邻居。我了解每家每户的情况、生活方式和习惯。由于经常见到病人，即使第一次诊断不够准确，我还可以密切跟进，下次诊断就更确切了。"

正因如此，新中国尊重这些赤脚医生，他们中有些人前往国内外的机构继续深造。美国国家卫生研究所福格蒂国际中心项目主管刘星柱博士在1975—1977年间曾是一名赤脚医生。他记得当时肩上只背一个包，装着基本药品、两个注射器和10个针头，[19]但这个背包拯救了很多人的生命，也让他从此踏上了终身行医之旅。

---

[19] 见 https://www.who.int/bulletin/volumes/86/12/08-021208/en/

虽然中国在医疗方面成就斐然，但其经济增长却稍显滞后。1950年至1973年间，中国的经济由国有经济和中央计划经济主导，年均增长率仅为2.9%。虽然中国实施基本农村社会保障制度，其中包含"五保"——充足的食物、衣物、医疗保健、住房和丧葬费用以及对极度贫困人口的救济，但截至1978年，中国9.56亿人口中仍有四分之一生活在贫困线以下。[20] 中国需要一场根本上的革新——于是，改革开放和"市场社会主义"应运而生，这是具有中国特色的社会主义。

改革开放

20世纪70年代末，邓小平带头实施新政策，推行农村改革，以促进生产和发展。中国废除农村公社，对外国投资开放，并鼓励中国企业家经商。"让一部分人先富起来"，这是邓小平的经典名言，他相信，先富起来的人可带动剩下的人实现共同富裕。

1978年至1985年间，中国通过改革农村经济制度，包括农村土地、市场和就业制度，提高农产品价格，加大力度推行扶贫举措。人均产值大幅提升，农民的人均净收入也从1978年的133.6元提升至1985年的397元。农村贫困人口锐减一半，从2.5亿降至1.25亿，但没有人为此庆祝，因为1.25亿这一数字仍超过当时美国总人口的一半。

政府逐渐意识到最难消灭的贫困问题很大程度上基于自然、地理、历史和文化因素，例如语言障碍导致一些少数民族无法获得教育和更好的工作。1982年，中国政府开始实施一系列全国性、大规模扶贫攻坚举措，在甘肃和宁夏的贫困地区开展"三西项目"。1984年，开始改善农村教育体系，在基础设施工程中引入创新的"以工代赈"机制。落后的基础设施正是有效扶贫的最大障碍，而这个项目类似美国大萧

---

[20] 见 http://www.chinatoday.com.cn/ctenglish/2018/sl/201902/t20190221_800157313.html

条时期的民间资源保护队 (Civilian Conservation Corps)，在改善农村基础设施的同时还可提供就业机会。

扶贫微调

1986 年，中国成立国务院扶贫开发领导小组，推动农村扶贫和发展的规范化和制度化，以促进扶贫举措迈上新台阶。该小组负责确定贫困县，制定国家贫困线，并设立扶贫特殊基金。其首要工作是确保解决最贫困人口的温饱问题。

即使实施"三西项目"这样宏大的举措，沿海与农村的发展差距还是日渐加大。因此，从 1986 年到 1993 年，政府开始进行微调，将重心迁移至"老、少、边、穷"地区。这种聚焦区域的做法的确有利于县域经济发展，但却不能直接惠及贫困农民。据世界银行估算，这一短板再加上农村经济增长放缓和剩余贫困人口面临的极端复杂的挑战，导致 1985 年至 1989 年间新增 700 万绝对贫困人口。为此，江泽民和胡锦涛再次强调了共产党的基本信念，即"共同富裕的最低要求是解决贫困问题"。

1994 年 3 月，中国启动国家"八七扶贫攻坚计划"，最终解决了不能直接惠及贫困人口的问题。这项宏大计划要求在短短七年内解决八千万人口的基本温饱问题，不过，这一次，国家领导人要集中所有力量，以家庭为单位，切实解决每个贫困户的温饱问题，保证稳定的生活条件。与此同时，党中央开始从"救济式扶贫"（输血）转变到"开发式扶贫"（造血）——从救助到赋能，让扶贫举措更具可持续性。古语云："授人以鱼不如授人以渔。"

1995 年至 1999 年间，扶贫贷款基金、工作补贴和开发基金增长 1.63 倍。中国不仅从基层出发，落实到各家各户，还实行自上而下的宏观经济政策，促进了中西部地区的经济发展。虽然这种自下而上和自上而下相结合的策略极其复杂，在 1994 年夏天，"八七扶贫攻坚计划"

刚刚实施几个月，我在中国最偏远的地区游历时就已看到宏观政策与贫困户精准脱贫相结合所带来的成效。

从人道主义的角度来看，中国的表现让我折服，但从经济学的角度则不然。我想知道，在宁夏或西藏西北部这些极度贫困、人烟稀少的地区投入数万亿是否真的值得，对此中国是如何考量的？数年后，当我开始明白中国的高瞻远瞩时，不禁想起索尼创始人盛田昭夫于1989年出版的《日本可以说不》一书，其中一节的标题是"美国人往前看10分钟；日本人往前看10年"。

我现在深有体会，中国人往前看了好几百年。

贫困农民得益于最低生活补助、技术扶贫、劳动力转移和生态移民等措施，他们的人均纯收入从1993年的483.7元增长至2000年的1321元，增加了近3倍，农村绝对贫困人口数量也从8000万大幅下降至3200万。中国政府自豪地宣布，中国已实现八七扶贫攻坚计划的基本目标，即基本解决农村贫困人口的温饱问题。欢庆之余，领导人也认识到攻克贫困最后的堡垒势必难上加难。

整村推进，双轮驱动

2001年，中国实施"整村推进"和"双轮驱动"（扶贫和发展相结合）减贫战略，助力592个贫困县和15万个贫困村的9400万人口脱贫。截至2010年，农村发展、工业开发和劳动力转移的三管齐下策略已取得成效，重点县农民收入几乎翻了一番，达到3273元，增长速度赶超全国平均水平。不过在听取国际意见并结合国内发展需求后，中国调整"贫困线"标准，官方贫困人口数量也由2888万上升为4300万。

2011年至2020年间，虽然农民收入增长速度继续超出全国平均水平，但是由于中国再次将农村贫困线提高92%，达至人均纯收入2300元，中国的"贫困"人口数量又再度增多。不过，不管贫困线怎么变，很显然，中国已解决大多数贫困人口的温饱问题，并缩小了城乡地区差距，国民经济不断发展。城乡差距减小后，许多人又开始回归农村。

花园乡村

全球现有超过一半的人口居住在城市里，中国城市化也愈发严重，不过由于农村基础设施建设加强和自然环境改善，中国城市化速度放缓，在某些地区，甚至出现逆转。

20 年前，中国拥有许多"花园城市"，而如今，越来越多的"花园乡村"正拔地而起。在湖南，年轻的苗族企业家杨超文说道，"在大城市打工时，我们看到高楼大厦和公园感到很羡慕……虽然没办法建高楼大厦，但是乡村比城市美多了。我们必须亲手建设我们的乡村！"

他所在的乡村如今已成为一座花园，既美丽又繁荣。杨先生村里的一名年轻苗族女孩说，"哪儿也比不上自己的家乡，况且家乡还发展得这么好。"

正如黄承伟博士所说，年轻人不敢回乡，除非他们在家乡能赚得生活。因此，中国制定了金融政策、补贴和培训项目鼓励农村创业，尤其是电商。如今覆盖全国的互联网、全球最发达的高速公路和高铁网络早已为电商发展铺就康庄大道。我 2019 年游历中国时，即便是在最偏远的西藏都能看到许多运货卡车。

4300 多个淘宝村

中国拥有超过 4300 个淘宝村，覆盖 25 个省份，这让年轻人尤其振奋。2018 年，这些乡村共有 66 万家网店创造出破万亿元的农村电商销售额，比 2017 年增长 30.4%，超过全国电商行业 24% 的总体增速[21]。淘宝村模式惠及半数农村人口，同时也形成一种"良性循环"，即农村

---

[21] 见 https://www.alizila.com/taobao-villages-driving-inclusive-growth-rural-china/

生产力的增长也反过来推动了消费。

几十年来对无数项目的微调让扶贫事业初见成效,但没人能想到 2012 年习近平执政后会带来翻天覆地的政策和措施转变,也没人能料到他会宣布中国将通过"精准扶贫"在 2020 年之前彻底消除绝对贫困。

对此,黄博士解释道,"2012 年,习近平担任总书记后,扶贫战役便进入一个新阶段。"

而对于习近平来说,这个"新阶段"只不过是延续他少年时代就开始的战役。

17

中国的精准扶贫

2012年习近平就任国家主席时，中国仍有近1亿贫困人口，比当时世界233个国家中除11个国家以外的任何一个国家的人口都多。习近平没有因此退却。2015年，习主席向世界宣布了他在2013年11月对十八洞村村民所说的话，即到2020年，中国将全面消除绝对贫困。但是事实证明最后几百万人口的脱贫攻坚最为艰难，因为他们身处在最偏远的地区，面临文化和语言障碍，或是其自然环境因人口过多、过度利用或全球变暖而遭受严重破坏。

习主席当机立断，制定两大决策，坚决要让最后几百万人口脱贫。他提出，第一，扶贫和发展必须是各级政府的当务之急，切忌喊口号，要付诸实践，各级领导要严肃对待，问责到位。黄承伟博士指出，虽然自1949年以来，消除贫困一直都是共产党的目标，"但是，这个想法也在时刻演变。2012年，习近平担任总书记后，扶贫斗争便进入一个新阶段。如果还有数千万贫困人口，小康社会就是一纸空谈！习总书记的主要贡献是将减贫工作放在首位，动员全党、全国和全社会实施一系列的创新策略……发挥中国智慧，实现减贫。"

习近平针对精准扶贫的第二个决策是不仅要致力于中国的减贫工作，也要推动世界其他地区的减贫事业，特别是中国"一带一路"倡议覆盖的国家。虽然前人的成就确实给习近平打下坚实基础，但他自身在福建宁德——中国18个最贫困县之一担任党委书记期间积累的扶贫经验也带来了极大帮助。许多他早期在福建实行的政策和举措后来都推广到全国，包括因地制宜，找出贫困根源和脱贫方法，发挥人民强项，以及为因地理或文化隔离而落后的少数民族提供额外扶助等。

黄承伟博士对精准扶贫的概述

2016年，黄博士在世界银行推出纪念10月17日国际消除贫困日的中国系列博客文章[22]中简要介绍了习近平精准扶贫的原因和方法：

> 农民人均纯收入增幅超过全国平均水平。公路、铁路、电力、互联网、普及义务教育、农村最低生活保障和广泛开展农村合作医疗等基础设施和公共服务得到有效改善，从而使农民受益。

除此之外，黄博士也揭示出中国仍面临的严峻挑战：

> 截至2015年底，中国仍有5575万贫困人口，相当于中等人口国家的人口总数（实际上，在2015年，中国贫困人口已超过198个国家中的174个国家的人口总数）。全国还有14个集中连片特困地区、832个贫困县、12.8万个建档立卡贫困村。难度大，是指经过多年努力，容易脱贫的地区和人口已基本脱贫，剩下的贫困人口大多贫困程度较深，自身发展能力较弱，越往后脱贫攻坚成本越高、难度越大。时间紧，是指到2020年要消除极度贫困，从今年起平均每年要减贫1000万人以上。易返贫，是指不少贫困户稳定脱贫能力差，因灾、因病、因学、因婚、因房返贫情况时有发生。

---

[22] 所著文章题目为《中国减贫成就、挑战与展望》。

未来五年，作为世界上最大的发展中国家，中国进入了全面建成小康社会的决胜阶段，脱贫攻坚面临诸多新挑战……

脱贫攻坚面临许多新问题。一是脱贫攻坚面临经济下行、产业结构调整等新的环境；二是精准扶贫体制机制还不健全，还存在"大水漫灌"或缩小版"大水漫灌"现象；三是扶贫开发责任还没有完全落到实处；四是扶贫合力还没有形成，财政扶贫资金分配和使用效率也有待提高，扶贫同农村低保、新农保、医疗救助、危房改造、教育救助等政策尚未有效衔接；五是贫困地区和贫困人口主观能动性有待提高；六是因地制宜分类指导还有待加强。

中国政府把到2020年农村贫困人口和贫困县脱贫纳入全面建成小康社会的目标中。未来五年，中国将全面实施精准扶贫精准脱贫基本方略，实施"发展产业脱贫、劳务输出脱贫、易地搬迁脱贫、低保兜底脱贫"五个一批工程。政府将进一步加大财政投入、增加金融支持、强化土地政策、动员社会参与、创造良好氛围，并通过层层落实责任、严格考核机制、落实约束机制、规范退出机制完善组织保障体系。

通过这些措施和其他行动，中国正在为实现2020年消除极端贫困的目标做出巨大努力。

黄博士还解释道，习近平的精准扶贫能有效执行，其原因在于他实行精准问责制，不容忍低效或不恰当资源使用。所有各级领导都要为"六个精准"负责，即扶贫对象精准、项目安排精准、资金使用精准、措施到位精准、因村派人精准、脱贫成效精准。这个项目的一个关键人物是"第一书记"——其实我觉得叫"赤脚第一书记"可能更为恰当。

赤脚第一书记

1951年，新中国成立后第3年，中国政府宣布，所有乡村都应配备基本的医疗体系，由居住在当地的医疗工作者提供服务。截至1957年，中国已拥有超过20万名赤脚医生，最终这一人数增加至约150万名。如今，中国的赤脚医生已成为历史，不过，现在的第一书记倒也有些"赤脚"的意思——至少具有赤脚医生的精神。

早在20世纪80年代，政府就意识到全国反贫困项目最大的薄弱点是没有与扶贫对象——贫困人口有实际直接的接触，于是"第一书记"应运而生。正如赤脚医生一般，第一书记也是"群众的一分子，了解群众，关心群众，备受群众信任"。他们有机会了解每个村民和相关情况，不仅能帮助改善生活条件，还能够转变村民的态度——灌输自力更生和奋力拼搏的想法，推动创新和创业。

这种干部与群众紧密联系的想法是习近平早年扶贫经验的结晶。他曾在重点贫困村梁家河待过7年，直面中国的区域性贫困。黄博士说，"从习总书记身上我们可以看到，如果干部对发展不平衡的现状没有深刻的认识，就很难在管理和治理上有所建树。"

但有时候，现实的情况却让这些赤脚书记难以承受。"我听不懂他们的方言，而他们也听不懂普通话！"有位第一书记这样告诉我，"我想帮助他们，但是他们不知道我在说什么，所以我们就边喝米酒边比画着沟通！"

"你学过他们的方言吗？"我问道。

"没有，"他笑着说，"他们学了普通话，比我更聪明！"

有位第一书记告诉我，得知有些人根本就不想接受帮助时，他感到十分震惊。"这些人不想脱贫，因为他们从来不了解除了贫穷以外的世界。他们不知道自己可以不用忍受贫穷，或孩子的残疾甚至绝症本来只需要最简单的医疗护理即可避免。这真是令人痛心疾首。不过，一旦过上更好的日子，他们就不想再回到过去的苦日子了。习近平总书记是对的，我们必须让老百姓相信，他们能过上更好的生活。"

我在宁夏、西藏，甚至是我自己家乡福建省认识的多位第一书记都让我感触颇深。有些第一书记惊诧于一些看起来难以置信的问题，有些问题回想起来甚至还很滑稽可笑。有位第一书记兴高采烈地把新房钥匙交给少数民族老百姓，结果却不得不换了 100 多扇门，因为这些百姓从未见过钥匙，就用斧头破门而入。从那以后，他每次都很仔细地教村民如何使用锁和钥匙。

虽然有一些第一书记是被派来参加扶贫工作的，但也有不少志愿者主动放弃省城舒适的工作，甚至远离家人来到贫困乡村，和村民们一起生活，坚定开展为期 3 年的扶贫工作。不过，真正让我意想不到的是，许多人在 3 年任期结束后要求续任 3 年，即使他们一年见不到家人几次，有很多人还遭受严重的病痛之苦，尤其是在地处高海拔的西藏。有人告诉我，虽然不是每个人都会有明显的高原反应，但是人类的身体本就不适应高海拔。在高海拔待的时间长了，即使是西藏人的身体也会出问题。没有人能逃脱伤病。我的一位汉族朋友曾在西藏工作了两年，看起来十分健康。可是有一天，他突然倒下，与世长辞了。

拥有如此无私奉献的"赤脚领导"执行中国宏大的国家政策，难怪农民的境况能够迅速得到改善。2010 年至 2015 年间，贫困县农民人均纯收入翻了一番，连续 5 年增速超过全国平均水平。同时，农村社会保障，包括医疗保险和养老保险也得到完善，基础设施建设也得到加强，约 90% 的乡村通了公路、电和电话。

重拳出击，精准扶贫

黄博士很快在采访中重点提到，中国的扶贫工作取得如此成就并非全靠中国的经济增长。"很多国家在富裕后也没有帮助贫困人民。"中国之所以取得成功，完全归功于历经几十年磨砺的精准扶贫策略。基于习近平 2012 年执政后对扶贫事业的贡献以及中国第一书记大军所累积的经验，黄博士相信中国能够帮助其他国家与贫困抗争，尤其是中国"一带一路"倡议的合作伙伴。

"扶贫成效有目共睹！"黄博士说道，"中国大力加强基础设施、教育、卫生和科技各方面的建设，而这些带来了全方位的变化。任何一个贫困地区都发生了巨大的变化，尤其是人民的生活得到极大改善。这些变化可谓翻天覆地。贫困地区的道路修缮完毕，贫困户的院子安静祥和，人们都用上干净卫生的厕所。这些都是革命性的变化。"

"的确是革命性的变化！"我心里默念，因为我想起了 80 年代末农村和城市里的厕所。

"中国还改变了整个贫困地区的产业格局，"黄博士说道，"电商扶贫、光伏扶贫、消费扶贫等新型扶贫方法，林林总总，包罗万象。

"1978 年至 2012 年间，农村居民人均收入和消费水平分别提高 11.5 倍和 9.3 倍。2018 年，贫困地区农村居民的人均可支配收入为 10,731 元，是 2012 年的 1.99 倍，增速高于全国平均水平。2018 年，贫困地区农村居民的人均消费支出是全国农村地区平均水平的 73.9%。"

以己为傲，以国为豪

"这些变化还可大幅提升贫困人口的精神面貌，"黄博士说道，"自信和自豪溢于言表。"他还指出，这也加强了人民的凝聚力。"只有当基层人民和最贫困的人民说共产党和主席好时，我们才能证明共产党是真的好，能把国家治理好。"

对此，我深以为然。我问过很多农民，为什么他们的生活能在如此短的时间内得到如此大的改善？不同地区的农民都回答我说，"因为政策好。"

"为什么政策好？"我追问道。

"因为领导人了解我们的需求，关心我们，所以才能制定出好的政策。"

不过一些农民还说,"当然,光靠政策还不够,我们自己也要努力。"

在中国建设农村基础设施前,农民们即使想要努力也没处使劲。宁夏的一位农民说,"之前没有路,我们村太偏僻了,没办法走出去卖东西或是找工作。我们就像是井底之蛙。"他咧开嘴笑着,拿起了华为手机。"现在,我们自由了!"

中国在扶贫斗争上的成就,不仅缩小了城乡发展差距,还有助于提升社会风气。黄博士说道,"过去,生活在北京的家庭怎么能想到青海人民的生活如此艰难?孩子会上不起学,生病了也没法就医呢?现在通过社会动员、农村产品消费扶贫等诸多举措,大城市的人们了解到贫困地区人民的生活,知道很多人的生活条件远不如他们。人性本善,我们一定要激励和激发这种善意。遭受疾病的折磨方能对病痛记忆犹新。同样的,亲眼见证贫困,我们才会明白,无论我们经历何种境遇,仍有数千万人的生活更穷苦。"

城乡居民交流

黄博士说到连接城乡的项目时,我想到我在中国各地看到过的一些城乡项目。一些城市会每月组织水果集市,让城市居民前往乡下,采摘当地当季的水果(每月水果不同),然后直接把钱付给农民。这种方式可增加农民收入,加强城乡之间的相互了解。有些人,比如富裕的湖南企业家冯友根便借此机会,教城里的孩子认识大自然。冯先生说,"现在很多孩子从出生起就生活在城市里。他们从未接触过真正的自然,对动物和植物也毫不了解。因此,我们每年让30万名孩子前往盘龙大观园观看来自世界各国多种多样的植物和花卉。"

中国还有很多项目连接城乡孩子,让他们成为笔友,或是让城市孩子在线辅导农村孩子。北京一名16岁的学生告诉我,虽然课业繁重,她每周还是会花几个小时辅导农村孩子数学。"他们付你钱吗?"我问道。

"没有,"她说,"虽然我家也不富裕,但我们的生活还是比他们的好些。能帮上忙,我感到很欣慰。"

农村旅游业也造福了整个国家。一方面,农家乐(农村旅舍)给农民创收,另一方面,城市居民也多了个价格实惠的乡村休闲去处,而且很多时候,主客之间还结下了一辈子的友谊。

"这场与贫困的斗争为全人类的发展树立了典范,"黄博士说道,"我们不可能让一些人过着好日子,而另一些人却在挨饿、受冻和生病。富裕起来的人不能忘了落在后面的人。人类作为有思想的高等动物,不能让这种情况发生。"

"那么,其他国家可借鉴中国的哪些经验?"我问黄博士。

黄博士不假思索就给出了答案。

18

中国扶贫经验的可鉴之处

中国的扶贫斗争已延续70年,其规模和速度都十分惊人,令人敬畏,但我想知道其他国家能否复制中国的成功。

"其他国家可借鉴中国的哪些经验?"我问黄博士道。

黄博士滔滔不绝,列举了大量可供其他国家学习的经验。他对扶贫的了解让人觉得他仅凭一己之力就能撑起世界扶贫组织(若真有的话,定能像500多所孔子学院那样,架设起连接东西方、南北半球文化的桥梁,弥合鸿沟)。

中国已超越世界标准

黄博士说:"习近平的整套扶贫概念和思想,在很多方面都已超越了当前国际减贫理论体系。因为我们大规模的减贫成就主要归功于思想、策略和政策体系的指引,所以中国的解决方案和见解能促进国际减贫事业的发展。"

"很多外国人看到了我们在减贫事业上取得的成就,但他们通常只知道某个故事和案例。我们希望他们能看到我们的执政党和各县级领导人自始至终如何心系贫困人口。中国新时代的扶贫模式可概括为'两线一力',"黄博士说道。"两线"指的是经济发展和社会安全网,"一力"指的是政府领导力。

中国拥有独具特色的社会和政治体制。"其他国家能否照搬中国的做法？"我问道。

"其他国家如果要效仿中国，"黄博士答道，"最好是参照中国案例，根据本国特定的历史和地理情况制定策略，然后将重心置于全面发展，例如加强农村基础设施、教育和卫生等。当然，必须始终坚持可持续发展，换言之就是要保护资源和建设生态文明。"

汲取教训：少援助，多赋能

"其他国家除了借鉴我们的成功经验，还可以从我们的错误中汲取教训，"黄博士说道，"比如说我们早期过度依靠简单的'援助'，助长了依赖性，却没有培养出让扶贫计划可持续发展所需的自力更生能力。"

"为实现从'援助'到'赋能'的转变，必须注重依靠科技，优化作物品种，提高质量，加大效率以及加强信息、技术和销售服务来最大化产出和收入，从而实现贫困人口的收入增长。"

这让我想起了中国 4000 多个淘宝村。如果能改善基础设施，这种创新模式也可推广到非洲、亚洲其他地区和拉丁美洲。

黄博士还强调了农业产业化的重要性。农业产业化可为贫困农民提供产前、产中、产后系列服务，形成集贸、工、农、产、供、销于一体的一站式产业化经营。因工作关系，我曾在靠近西藏边境的宁夏和云南西部见过这项策略的落地。

中国还通过提高劳动力技能，设立就业信息服务系统和保障转移劳动者的合法权益，扩大贫困地区的劳动力输出（我见过这类农民工，他们后来自己创业，效益不错，助力整个家乡脱贫）。

少数民族的发展

少数民族的生活环境尤其恶劣。20 世纪 80 年代末，习近平在福建宁德（中国 18 个最贫困县之一）与畲族人民打交道时就发现了这一情况。虽然少数民族长期享有免予独生子女政策等优待，但直到近些年，地理、文化和语言仍是少数民族寻求发展不可逾越的障碍。不过，星星之火可以燎原。我在厦门大学见到过很多来自全国各地的少数民族学生，虽然高考成绩略低于同期入学的同学，但是他们后来比在更好环境下成长的同学更优秀，学成后还回去投身家乡建设。

最重要的经验是领导力

区域性贫困是全球面临的另一个问题。"中国素来尊重区域差异和民族文化，因此分阶段、分区域开展扶贫，促进发展，取得了伟大成就，"黄博士说道，"我们采取有针对性的策略推进西部大开发，振兴东北老工业基地和促进中部地区崛起。"

中国还认识到与联合国儿童基金会 (UNICEF) 和联合国教科文组织 (UNESCO) 等机构开展国际经验和知识交流与合作的重要性。如今，世界各国越发看重中国见解。黄博士说，中国可供其他国家借鉴的最重要的一点就是强大领导力。

"首先是党的领导力，"黄博士说道，"很多外国人不理解中国共产党的领导力，但是我认为，就人类的发展而言，不管是什么政治体制，所有政治家的核心目标都应该是为人民谋求幸福和福祉。共和党、国民党、共产党……形式不同而已。一个政党要顺应人类发展规律并得到人民支持，就必须将领导力重点放在消除贫困上。未能解决贫困人民生存问题的政党就不是符合人民利益的政党。"

"就拿我们国家为例，"黄博士说道，"我们承诺到 2020 年彻底消除绝对贫困。如果没有达到这一目标，其他国家就会说中国共产党不守信用，缺乏诚信。而中国人民会认为共产党说大话，并未真正代表最广大人民的根本利益……如果一个国家的贫困率超过 30% 而未能解决，没有人会相信他们的制度和政党是先进的。那么，什么样的制度可称为先进制度？"

我没有回答，于是黄博士替我回答了。"当前，大多数人认为欧美的资本主义制度是先进制度。资本主义制度代表着先进生产力的发展方向，但是这个制度也产生和暴露了一些问题。我们不能说这些问题无法攻克，或终将引发社会分化，但至少我们可以说资本主义制度不是一种完美制度。

"当然，我们不指望美国必须认可中国，或说中国的好话。但是，我们至少可以摸索出包括共产党领导力在内的一些方法、构建模式，供其他发展中国家和人类命运共同体借鉴。这一点同样适用于扶贫事业。如果缺乏领导力，中国的扶贫大计就不可能完成。"

"但其他国家没有中国这样的政府体制，"我说道，"那他们还能向中国学习吗？"

"其他国家能否向中国学习？我觉得能，"黄博士说，"尽管中国有十几亿人口，包括数千万贫困人口，但我们国家仍治理得很好。如果一个国家只有几千万人口或几百万人口，会治理不好吗？只要他们坚定不移地实施我们用过的扶贫计划，一定会从中受益。"

透明度和持续改革

黄博士还强调说，包括中国在内的所有国家，都必须持续推进改革开放，促进整个经济和社会制度的发展，否则贫困地区将总是落后。"如果没有改革，"他说，"就没有共同制度。"如果缺少公开透明的制度，就没有信息交流。闭塞地区和贫困地区将总是落后，永远无法使用新技术。

"您怎么看待联合国秘书长盛赞中国精准扶贫方略的信？"我问黄博士。

"我觉得他的评价很中肯，"他说，"这体现了国际社会对习近平精准扶贫方略的肯定和认可……我认为习总书记的伟大之处在于他能够以通俗易懂的方式解决全球贫困问题。而中国强有力的举措也让国际社会看到一整套切实可行、行之有效的治贫体系。"

全社会动员

中国有别于其他国家的一点是中国社会十分热衷于开展全民项目。在我代表中国城市参加国际宜居社区评选活动时,很多来自世界各地的领导人问我,"中国怎么会有这么多志愿者?"

黄博士认为,动员从第一书记到城市志愿者的全社会各方面力量,是中国扶贫计划的关键。

"全社会动员确实是关键因素,"黄博士说,"必须动员全社会力量来帮助贫困人口。印度和非洲的很多地区和国家都采用欧美国家的方法,通过社会组织帮助贫困人口。当然,这种方法有其优势。对于小规模的扶贫工作,这种方法可以落实到位。其缺点在于难以实现大规模、全面减贫,进而影响发展进程。

"只有动员全社会各方面力量,让先富起来的人了解还有同胞仍饱受贫困之苦,贫困才能被消灭。政府高官们必须及时了解贫困地区的情况。在中国,即便是部长级的领导也需要知道贫困地区的具体情况。这就是社会动员。

"中国东部和中部已发展起来,但是西部地区仍面临着挑战,需要东部地区帮助,否则整个国家的发展将处于割裂状态。"

中国海外扶贫

"其他国家能否像中国这样实现全社会动员?"我问,心中觉得不太可能。

"可以啊!"黄博士肯定地说道,"我在中国国际扶贫中心工作时,在坦桑尼亚做了一个示范村。我向他们介绍了中国在减贫和定点帮扶上的经验。最终,他们在全省实施这种方法来帮助贫困村庄,推动他们的发展。这说明不论是资本主义还是社会主义,治理和管理制度都是一样的。从治理的角度而言,只要是高层下发的指示,就能动员全社会力量。"

自力更生——化土为金

无论是何种计划，或社会动员做得有多好，归根到底，"贫困人民必须愿意自力更生，"黄博士说。他回想起习近平年轻时在宁德的扶贫工作。那是中国减贫工作的缩影，习近平当时在宁德实施的许多举措现在都已推广到全国，尤其是强调赋能而非援助——"造血而非输血"。

"如果普通人没有内在动力，"黄博士说，"单想'等着别人来帮我'是没用的。在宁德，习近平指出了一个要点，'只要有信心，黄土变成金'。这个重要思想说明了内在动力的重要性。"

黄博士还强调，不仅要加大扶贫资金的投入力度，还要确保资金使用得当。"自二战以来，欧美是全球的主要援助国，仅对非洲的援助就超过2万亿美元。为什么投入如此之多，撒哈拉以南的非洲地区还是这么穷？主要原因可归咎于资金使用方式。我们不仅需要扩大资金投入，还需优化结构和加强资金监管和使用。"

黄博士以中国扶贫小额信贷为例，介绍了如何有效使用资金，帮助农民脱贫。"我们还无法言之凿凿地保证说中国当前的扶贫小额信贷已大获成功，但是已出现许多成功先例，说明该方式具备广泛适用性。"

中国东西部，全球南北半球

黄博士说，中国在解决东西部发展不平衡上的经验也适用于解决南北半球发展不平衡的问题。他提到，实际上，针对这个问题，目前国际上并没有行之有效的做法。发达国家许诺将其GDP的0.7%提供给联合国用于发展援助，但我们要如何提高资金的使用效率，更加全面地实施援助、实现双赢。虽然目前缺少有效的全球组织机制，但中国有这样的机制，因此中国的经验对国际发展治理至关重要。例如，我们现在通过向贫困地区购买茶叶或大学生食品，推动扶贫工作。正因为我们扩大了对贫困地区的资金投入，这种新型开创性的工作才得以开展。

黄博士还认为在评估全球贫困问题上，中国也有很多经验可以分享。"到目前为止，我觉得大规模的国际评估并不算成功，但中国近些年的做法极为成功。我们探索各种方法来评估各层级的工作表现，制定一系列全面明确的扶贫标准和渠道。这些做法也可用于其他国家。我们的做法可能并不全面，但我们的经验证明，中国的扶贫解决方案和见解可为全球抗击贫困事业做出贡献。但这一切的基础，是领导人以坚定理想和信念帮助人民摆脱贫困。"

中国扶贫计划给世界带来的三大影响

"中国的扶贫典范对世界而言意味着什么？"我问黄博士。

"有三层意义，"黄博士回答道，"对中国来说，这是全面建设社会主义现代化小康社会的基础，也是中国社会主义现代化新征程的起点。我们必须先消除贫困才能建成小康社会。

"对世界来说，中国为人类和全球减贫事业贡献了解决方案和见解。2015年10月16日，习近平在北京举行的2015减贫与发展高层论坛上发表主旨演讲，指出消除贫困仍是当今世界面临的最大全球性挑战。我们要凝聚共识、同舟共济、攻坚克难，集中力量加快全球减贫进程，加强减贫和发展合作，实现多元且独立的可持续发展，改善国际发展环境。我们必须不懈奋斗，努力建设一个没有贫困的人类命运共同体。"

"有些人对此表示怀疑，"黄博士承认，"但这是我们的愿景。我们不是说在全球范围内完全消除贫困，而是说人类应以这个方向为指引，砥砺前行。其他国家完全可借鉴中国的扶贫解决方案，解决本国问题。"

"无法解决贫困问题的发展道路绝不是一条好道路或好制度。就目前而言，中国消除绝对贫困的解决方案完全符合人类社会的发展方向。"

我很清楚其他国家持怀疑态度，所以问道，"那海外媒体和智库如何评价中国的减贫政策？"

"很多人质疑，认为中国的减贫成就应当归功于中国的整体发展或者说特殊扶贫计划,其实二者各司其职,各有作为。扶贫战役必然需要经济发展支撑,但特殊减贫政策也必不可少。"。

"改革开放前,"黄博士接着说,"扶贫政策十分全面,兼收并蓄。改革开放后,国家将发展和减贫一分为二。换言之,二者缺一不可。中国实现七亿多人口脱贫是二者合力的结果。"

中国还以自身经验向世界展示了对贫困进行多维度评估的重要性。

黄博士说,国际上一直质疑中国的贫困标准。一开始,中国标准低于世界银行参照线,但中国持续提高贫困线,直到2011年,中国标准实际上已略高于国际标准。"如果算上其他的标准和社会保障制度,"黄博士说,"我们的贫困线其实远高于国际标准。此外,联合国向来都质疑我们反贫决策的多维度性,但如今,我们的多维度标准已获得全球认可,质疑声也逐渐消失。"

可持续发展的四大要素

很多国际专家对中国减贫计划的可持续性始终存疑,但黄博士表示,由于以下这四大要素,这种怀疑正逐渐消弭。第一,"明确领导人责任,确保按计划使用扶贫基金。"我想到了云南一个偏远山区的第一书记跟我说,"我们一分钱都不敢浪费!"

第二,"中国需要绿色发展;扶贫事业不能以牺牲环境为代价。"的确如此,我游历中国时,看到之前荒芜的地方如今已草地茂盛,绿树成荫。

第三,"中国强调,扶贫不能只靠帮困(输血),而是要赋能,因为单靠援助无法实现可持续发展。"我在中国各地都感受到这种焕然一新的自力更生精神。曾经有两个来自不同省份的农民告诉我:"现在政策好,但是也要靠我们自身努力,政策才能发挥作用。"

第四,"中国扶贫以市场为导向,政府、市场和社会三方密切互动,因此具备可持续性。"不过这反过来也是要依靠拥有创业精神的老百姓紧抓市场机遇。比如林正佳,虽然他只读过4年书,到十几岁时才穿上鞋子，但如今已是中国隧道领域的顶级专家，还是一名慈善家，资助数千名农村孩子接受教育。

"不过目前的经验告诉我们,全靠市场导向通常还不够，"黄博士说，"举例而言，发展多个产业需要考虑短期和长期的关系、当地资源问题和整个市场的需求，以及小规模和大规模标准化市场的碎片化需求。对于贫困地区来说，要在一两年内解决所有这些问题不太可能，但是至少我们意识到这些问题的存在并将其作为制定政策的考量因素。"

2020 年之后有何规划？

显然，中国是有很多经验可供世界借鉴，不过，我还有最后一个问题要问黄博士。"习近平说，到 2020 年，中国将消除绝对贫困，那之后有何规划？"

"政府刚开完会讨论这个问题，"黄博士说，"'赢'这个词说明全面脱贫具有时效性。无论是 2020 年还是 2021 年，都必须设定明确时间点，不能无限期延长。可是到了 2050 年，中国会向世界展示何种治理模式呢？中国肯定会持续与贫困做斗争，构建相对贫困治理长效机制。虽然很难预测中国未来的道路，但将涵盖以下内容：

"第一，必须推进国家治理体系和治理能力现代化，重点关注解决相对贫困问题。

"第二，必须制定相对贫困的治理目标、范围、战略和体系等标准。我们现在正在研究如何开展这些工作。

"第三，我们必须进一步践行习近平提出的'精准扶贫'理念。

"第四，新中国成立几十年来已形成一些有效的解决贫困以及扶贫方面的基本经验，我们将继续秉承和发扬这些经验。例如，社会动员、驻村帮扶、精准扶贫和东西部扶贫协作等优势。"

"一带一路"减贫

中国的经验也有助于"一带一路"倡议的实施。黄博士说,"在'一带一路'合作过程中加入减贫元素是我们国家对外援助和外交策略的一部分。所有与'一带一路'倡议相关的境外发展援助计划都必须以改善民生为核心,并融入减贫元素。过去17年来,中国在老挝、柬埔寨和缅甸等国累计投资1亿元人民币,用于社区减贫项目。"

"我们还计划在其他国家推行全面的扶贫事业,实现更具可持续性的发展。不过这对于我们来说是新的领域,还存在很多问题。例如,国内很多社会组织还处于发展的早期,存在很多不足之处和挑战。在其他国家培养企业家也是个难题。不过其实最重要的一点是,企业跨出国门时,要有遵守和尊重其他国家法律、文化和习俗的意识。如果法律意识淡薄,即使在国内发展得好,在国外也难以立足。如果文化意识匮乏,到了其他国家也会出现问题。扶贫必须结合文化和社会因素才能具备可持续性。"

解决国内贫困本身就很困难,应对国外贫困问题更是难上加难。不过黄博士说,"我对此满怀信心。到2050年,如果中国在发展过程中没有出现重大失误,许多国家就会学习中国的发展模式。"

黄博士的热情很有感染力,让我也对此充满信心。虽然看似面临无尽挑战和挫折,但历经70年风雨征程,中国始终坚持理想,致力于建设一个没有贫困的小康社会。即使中国在扶贫工作上取得的成就已超越任何其他一个国家,但中国并没有止步于此,而是继续学习和前进。在我看来,最重要的是,中国还与其他国家分享经验。

我很期待在2050年再次采访黄博士!

"一带一路"倡议让精准扶贫走出国门

历经70年,尤其是自习近平主席实施了精准扶贫方略后,中国已证明赋能（而非帮困）才是扶贫之道。虽然有时援助必不可少，尤其是发生灾难时，但更好的方法是培养国家和人民自给自足的能力。中国目前正在尝试借力"一带一路"倡议，将这种做法推广到其他国家。

我知道"一带一路"倡议存在不足之处，但是纵观历史，尚未有哪个国家能让举国上下摆脱贫困，而中国政府在本国扶贫期间也走过弯路。历史上更是没有哪个发展中国家，能在抵抗自身贫困问题的同时还参与到如此大规模、真正意义的全球基础设施项目，以帮助建设其他国家。

美国曾警告世界各国应谨慎看待"一带一路"倡议，称其能做得比中国更好。这一点我倒是不怀疑，毕竟美国拥有雄厚的财富。然而到目前为止，这些发达国家只顾批评中国，却没有开展什么有价值的行动。

当今即时的全球沟通让世界比以往任何时候都更紧密地联系在一起，但如果不合作，我们或许能够生存下来，但贫困的国家则会被各个击破，成为无畏挣扎中不足为惜的牺牲品。

当今快速的沟通可有助于我们团结起来，但网络互动以及信息过剩也可能让我们变得麻木。2016年7月，方济各教皇 (Pope Francis) 访问联合国世界粮食计划署时提出警示，称我们频频接收到太多有关痛苦和贫困的画面，以至于我们开始认为贫困是自然而然的，"每天都在发生"。其实相反，我们应该意识到，贫困是由于"自私和错误的资源分配"以及滥用和榨取地球资源而导致的。

"消除极端贫困和饥饿的关键，"方济各教皇说道，"在于意识到每个数字背后都是一张痛苦的脸庞……剥去脸庞和故事，人们的生命就成了数据，而我们就可能用官僚化的态度看待他们遭受的苦难……" [23]

全世界的富人，团结起来。中国的经验让我们终于拥有了终结贫困的手段和方法。我们缺少的，只是坚定的意志。

---

[23] 见云诺·阿若裘·埃斯特韦斯《"极端贫困是现实情况，而非没有温度的数据"，教皇说道》，(《天主教新闻服务报》2016年6月13日期)

第三章

中国梦
走向全球

19

中国的精准城市化进程,供世界学习

我今年 58 岁了,亲眼见证了中国几十年的发展。如今,中国的北上广一线城市一点也不逊色于欧洲发达国家的大城市。即使是在城市发展方面,这些一线城市也比国外很多大城市强得多。我去过 100 多个国家,就我个人经验而言,我们在技术和城市建设方面可谓世界领先。

——创业者冯友根

城市化启示录

1800 年,全世界只有 2% 的人口生活在城市里;今天,根据联合国数据,有 55% 的人口居住在城市里。未来 33 年,全球人口将增加 29 亿——相当于中国和印度人口之和,而其中 80—90% 将居住在城市里——什么样的城市呢?

1960 年,尼日利亚拉各斯的人口还不到 20 万。如今,其人口猛涨至 2100 万,到 2100 年预计会增长到 8500 万至 1 亿。而城市贫困人口将多到让人难以想象,甚至连"较富裕的"国家,比如毗邻美国的墨西哥也是如此。

墨西哥是全球第 15 大经济体,但其 60% 的人口从事的是非正式经

济活动 [24]。他们不纳税，也没有医疗、教育或退休福利。虽然正式报告中没有将其记录在案，但他们的贫困再真实不过，经济学家认为他们毫无脱贫希望。

如今失控的城市化进程让人害怕，而中国竟然发布了大规模的"国家新型城镇化规划（2014—2020 年）"，这着实让世界震惊。该规划的目标是截至 2020 年，将 1 亿农村人口移居到城市；截至 2026 年，移居 2.5 亿人。不过不同于其他国家，中国的城市化规划被确定为农村和城市扶贫计划的下一个阶段。此外，还可为其他国家提供经验，避免出现不良后果。

近几十年来，中国农村地区的生活条件逐步改善，这使得城市化进程放缓，在一些地区甚至出现反转。但是在甘肃、宁夏或云南等自然条件过于恶劣的地区，得益于政府资助的计划，老百姓能在城市里拥有稳定可靠、待遇不错的工作和安全的居住环境。不过城市化的不足之处是可能会导致家庭分离，因此中国政府又开始帮助农村家庭迁移到城市里。

但是中国的城市能否容纳下 1 亿农村人口而不衍生出其他国家面临的贫民窟和贫困问题？对此我一直存疑。直到 2002 年我帮助厦门参加在德国斯图加特举行的评选国际花园城市大奖 (Livcom) 时，我的疑惑才得到了解答。

14 年来我亲眼见证了厦门的巨大转变，但直到历经 8 个月的评选准备过程，我才真正了解到厦门成功背后复杂而全面的长期规划和战略。6 位国际评委中的一位告诉我，"厦门不仅是第 1 名，而且还把第 2 名甩得老远"。

我以为厦门的成功在中国是个例。但是后来，当我协助泉州参加 2003 年在荷兰举行的评选活动时，才知道不是这样。泉州位于厦门以

---

[24] 见 https://www.oecd.org/mexico/2019-economic-survey-of-mexico-may-2019.htm

北60公里,是古代海上丝绸之路的起点,也是启发习近平提出的"一带一路"倡议的灵感源泉。据马可·波罗记载,泉州被阿拉伯人称为刺桐,是中世纪时期世界上最大的港口:

> 西方每发出一艘船,就有一百艘船从泉州发出;泉州港是当时世界最大的两大港口之一。(引自《马可波罗游记》)

现代的泉州人和其以航海为生的祖先一样令人敬佩。

为何泉州能获得金奖?

泉州不仅赢得了2003年金奖,同时还荣膺文化遗产管理金奖。我当时为泉州获此殊荣感到欣喜若狂,但刚下飞机,就有泉州的记者问我,"泉州到底为什么能获得金奖?"

我完全没想到会有人问这个问题。但想到1年前的我也和他们一样一头雾水,完全不知道宜居城市需要具备什么条件,于是我立刻写了一篇报道解释为什么泉州获得两项金奖是实至名归。

出现这个疑问在某种程度上跟翻译有关。Livcom的中文翻译是"国际花园城市奖",因此,中国人和很多外国人一样误认为Livcom评估的是花卉和园林,而实际上景观只是评估人性化宜居城市六项指标中的一项。而且我发现,中国城市在全部六项指标上都做得非常出色,因为中国城市发展是经过统筹规划的,不像很多其他国家,随意拼凑,毫无章法。

中国有高楼大厦吗?

2003年,一名欧洲领导人在荷兰说道,"我们需要学习中国,动员人人参与社区建设。"2005年,一名加拿大市长在西班牙说道,"中国城市采用了极具创意的方式来解决普遍面临的问题。"听到这些话，我感到很骄傲。不过，2007年，当一名游遍世界各地、受过高等教育的欧洲市长在伦敦说"我不知道中国还有高楼大厦"时，我意识到世界对中国的了解委实太少。

在接下来的10年里，我协助过的所有参加评选的中国城市中只有1个未获得金奖，有3个城市获得了双金奖。随着越来越多的中国城市获得金奖，我逐渐将其视为常态。我见得越多，便越是感叹中国全国城市建设的一致性。国家、各省和市级规划之间得到充分的协调和融合，同时，各市还可结合自身的地理、气候、历史和文化因素，因地制宜。

我渐渐发现，中国的城市化进程与其农村扶贫战略一样精准。的确，14亿的人口规模也容不得有些许差池。可惜的是，我发现其他国家并没有如此富有远见的城市策略。当一名澳大利亚领导人说"中国竟然有这样的城市，这让我震惊不已"时，我想告诉他，"其他国家竟然没有像中国这样的城市，我也震惊不已！"

关于中国城市如何在"国际花园城市大赛"六项指标上领先于其他国家，我都可以写上一本书了。不过，我在此只列举以下示例，说明中国如何有别于其他国家，不仅能妥善应对城市化进程，还借助城市化发展来改善城市和农村人口的生活条件。我希望其他国家能够获得启发，学习中国经验。

国际花园城市评估项目一：自然人文景观管理

厦门是座小岛，政府既要保留其海上花园的原始环境，又要改善其基础设施，实属不易。尽管如此，厦门还是挖掘重山，开凿隧道，建成了可窥全貌的公路网，将全岛连接起来，人们从厦门大学可以去到机场以及更远的地方。厦门采用"垂直绿化"方法（在墙上、桥上以及屋顶种植植物），建了很多花园和公园，还配备了大面积的地下停车场和购物中心。统计数据不言自明。从 1980 年到 2001 年，虽然厦门的天际线迅速扩张，且人口也从 49.1 万翻了两番多涨到 165.1 万，但城市绿化用地占比也同时从 13% 增加到了 35.7%。

1992 年至 2002 年间，泉州的 GDP 年均增长率达到 26%。泉州新修了 115 公里的公路（90% 为绿化带），即使这样，其城市绿化用地占比仍从 16.1% 扩大了近一倍，升至 31.2%。2002 年，泉州获得了联合国"迪拜国际改善居住环境最佳范例奖" 40 强的殊荣。再举几个例子。

浙江省长兴县的绿化面积占比由 2003 年的 21.1% 增加到了 2008 年的 43%，人均公园绿化用地从 1998 年的 2.2 平方米增加到了 2008 年的 20 平方米。连长兴县政府的屋顶都种满了郁郁葱葱的草坪，成为城市一道亮丽的风景线。

2010 年参赛的北京东城区实现了将绿化带面积占比从 2005 年的 35% 扩大到 2009 年的 41.9%。作为首都，能有如此成就确实令人惊叹。

国际花园城市评估项目二：文化遗产管理

当得知小小的厦门岛竟然有 139 处遗产保护地（包括拥有 1300 年历史的寺庙和中国最古老的基督教堂）时，我感到十分惊讶。中国城市还有数不胜数的非物质文化遗产——武术、中国剪纸、工夫茶道、中国布袋木偶和提线木偶、中国戏剧、书法、舞龙和赛龙舟。我去过的大部分城市的教科书里，都介绍了中国和当地的遗产，包括当地少数民族的文化遗产。每座城市都有很多博物馆，除此之外，城市还创造性地运用户外空间来展示历史和文化遗产，让市民无须前往博物馆就能在日常生活中感受历史。

泉州的中山路在 1000 年前是世界上最繁华的街道。中山路的整治与保护项目获得了联合国教科文组织颁发的"2001 年亚太地区遗产保护优秀奖"。长兴县将其财政收入的 3% 用于文化遗产管理，这些遗产包括拥有 1250 年历史的丝绸和茶叶。长兴县的学校还传授学生民间戏剧、舞龙、中国象棋和围棋。

国际花园城市评估项目三：环境保护

厦门将其 GDP 的 2% 用于环境保护，中国古都之一的南京环保支出占比为 3.5%。厦门前市长洪永世曾告诉我，"我们没有照搬西方那一套，为发展而破坏环境，之后再来修复。我们是边发展边保护环境。"过去 20 年来，厦门在同体量的城市中，发展速度排第一，绿化程度排第二。在国家环境保护模范城市的 27 条考核指标中，有 23 条是厦门制定的。厦门在 1985 年就禁用了 DDT（二氯二苯三氯乙烷）和 BHC（六氯环己烷），并开始推广生物害虫防治方法。在北京东城区种植的植物品种中，有 95% 是本土抗旱品种，再结合生物害虫防治方法，东城区成功减少了 50% 的杀虫剂用量。很多城市不仅将环境研究纳入 9 年义务教育的教材和项目中，还让孩子亲自设计和实施自己的项目。

中国城市的生态创新似乎永无止境。上海市松江区节水马桶每年可节约用水 72 万吨。许多城市使用太阳能热水器和路灯。一些城市将废物回收利用，加工成地板、建筑材料和垃圾桶。将有机垃圾加工成安全、有机的牲畜饲料。回收废水用于公园灌溉。江苏省常州市武进区将其 GDP 的 3% 用于环境保护，以安全方式焚烧垃圾发电，使用淤泥生产砖头和燃料，回收麦秆制造层压板，以及在农村利用沼气发电。

长兴县要求所有新建筑都必须使用节能门窗和热材料，其中大部分材料由当地回收的木材和竹子制成。

拥有 1000 万人口的南京将其 GDP 的 3.5% 用于环境保护。2006 年至 2010 年间，南京能源使用率减少了 50%。

国际花园城市评估项目四：社会参与

外国领导人最常问我的问题是，"中国人到底是如何动员广泛的社会资源参与到每件事上的？"自 20 世纪 90 年代中国连通网络后，中国城市开始使用全年全天无休的政府网站，实时更新重要事项的进展，为无数举措征求公众意见。因此，很多城市创新举措是由市民自下至上发起的。厦门市长热线因其规定严格的回复期限，以及强调透明度、可达性和参与度，已成为全国典范。

中国尤其重视环境、文化、体育和教育活动。市民可以轻松便捷地种树，也可选择在生日、婚礼和纪念日时种下一棵树。1998 年至 2002 年间，泉州志愿者种下的树约有 600 万棵，而在长兴，2003 年至 2008 年间种植的近 1200 万棵树中有 30% 是由志愿者种下的。志愿者还为老人或弱势居民提供免费医疗服务，为农民工提供免费法律咨询和医疗服务，助其了解相应权利，此外还有政府和社会组织免费提供的课程和培训等。农村—城市合作项目也越来越受欢迎。我认识很多青少年，他们自愿在网上辅导农村孩子学习。

国际花园城市评估项目五：健康生活方式

全球各地的城市居民都面临着因老龄化、过度拥挤、越发久坐的生活方式以及不良饮食等因素带来的健康问题。但是中国 2000 多年来的哲学和医学传统向来注重通过健康的生活方式来预防疾病。而这种观念在近几十年才开始在西方流行起来。许多城市不仅提供免费体检，还倡导健康生活方式，提供有关传统文化艺术和运动的免费课程，例如武术、舞龙、篮球、足球、排球、自行车、帆船、帆板、徒步和登山、马拉松和铁人三项等。

国际花园城市评估项目六：战略规划

2017年，有位英国人说道，美国和中国最大的差别在于美国由律师治国，中国由工程师执政。尽管"工程师领导人"已验证切实有效，但他们仍不忘学习，避免重蹈覆辙或白费力气。我所到的每个中国城市都会派出考察团前往中国或国外的其他城市，向最佳范例学习最佳做法。城市考察团从法国巴黎学到了城市管理，从意大利威尼斯学到了文化保护，从澳大利亚悉尼学到了水环境治理，从苏格兰亚伯丁学到了城市建筑，从新加坡学到了环境卫生，从德国城市学到了污水管理。中国城市通常会与全球领先的公司合作，制定长远计划，其中包括日本立亚设计(RIA)、法国何斐德建筑设计公司(SARL FREDERIC ROLLAND INTERNATIONAL)、美国科尔集团(KOLL)、西班牙桑丘—玛德丽德霍斯（SANCHO-MADRIDEJOS）建筑事务所等。

有时候回顾过去正是为了展望未来。1988年时，自行车是奢侈品。10年后，人人都想拥有汽车。而今天，城市设计出功能齐全的社区，配备自行车专用道，骑上自行车便可轻松抵达目的地，于是健康环保的自行车再次盛行。江苏常州武进区还很自豪地宣称连警察都骑自行车。我问道，警察骑着自行车怎么能抓到小偷？他们让我别担心，说武进区的犯罪分子也骑自行车。

当然，现在大部分人都没有自行车。我们可以用手机租借任何东西，例如自行车和雨伞。

总而言之，如今，全球范围的城市化进程已不可避免，只是全球化是否会导致灾难性的反乌托邦（联合国预测尼日利亚拉各斯或印度德里将面临这种局面）完全取决于全球领导人正面解决问题的决心和意志。毫无章法的举措只会带来混乱，而精准规划和问责制才是真正的出路，正如中国在其精准扶贫或精准城市规划中，甚至是新冠肺炎疫情危机期间的精准疫情控制中取得的成功一般。

在我写下这些文字时，中国正宁可牺牲经济也要坚定不移地控制疫情，因为自 1949 年新中国成立以来至今日，人权中最基本的一项权利——生命权，始终是中国政府最关切的问题。早在 1979 年，中国领导人就提出全面建设小康社会，决不落下一人。但其实中国以人为本的信念远早于此。

2500 多年前，孔子便提出了士大夫任人唯贤的观点，即士大夫应从思想上遵从道义，竭尽全力为人民服务，因此，从古至今，中国领导人对人民的关爱始终不变。

我希望其他国家能够获得启发，学习中国的经验。

20

儒家道家思想中的治国理念

孙子在《孙子兵法》中提到"知己知彼"。然而，虽然中国对世界十分了解，但是世界却对中国知之甚少，依然天真地以为"中国人不擅长做生意""中国人不会创新"[25]以及"中国是世界和平的威胁"。

事实上，中国人已有3000多年的经商历史，拥有卓越的经商才能。中国人也极具创新和发明才能。此外，中国人还十分厌恶战争。《孙子兵法》警示道，穷尽一切方法后万不得已才采取武力，最高级的战争艺术是"不战而屈人之兵"。

中国几千年来始终屹立于世界民族之林，各个领域蓬勃发展，这要归功于其独特的和革命性的"为政以德"思想。欧洲的启蒙运动也因此受到影响。

约2400年前，柏拉图倡导精英主义式的理想国，由睿智、聪慧和可靠的哲学王统治国家。柏拉图也许想不到，在150年前，远在7000多公里以外的孔子早已开始实践精英主义模式，他的理念比柏拉图的更先进。柏拉图理想国中的统治者采用官员世袭制，而孔子呼吁统治者根据道德和才能而不是血统来甄选官员。2000多年后，受够了"君

---

[25] 见《哈佛商业评论》，2014年。

权神授"的欧洲哲学家们读到耶稣会传教士们翻译的中国古籍时感到十分震惊。

启蒙运动最伟大的思想家伏尔泰（Voltaire，1694—1778）称中国是一个由哲学家统治的国家，并在其书房墙上挂上孔子的画像。他写道："中国人完善了道德科学——世上第一门科学。"1764年，伏尔泰写道，"无须沉迷于中国人的优点，但至少应认可中国真正是世界上前所未有的优秀国家。"[26] 伏尔泰甚至还建议欧洲采用中国的治理方式来取代每况愈下的君主制。"欧洲王室听到中国的情况应作何反应呢？"伏尔泰问道，"他们应该赞赏并感到羞愧，但最重要的是要效仿。"

1697年，德国数学家莱布尼兹（Leibniz，1646—1716）在他的著作《中国近事》（*Novissima Sinica*）一书中写道："我甚至认为在向中国派送传教士传授天启教的同时，应引入中国的传教士教授我们自然神学的意义和做法。"

诗人弗朗索瓦·诺埃尔（Francois Noel，1651—1729）曾作为耶稣会传教士来到中国。他在其中国六大文学经典译本的前言中写道，希望读者不只是"了解中国典籍，更应该去实践他们的正确思想。"

然而许多欧洲人认为主张向中国学习是一种威胁。德国伟大的哲学家克里斯蒂安·沃尔夫（Christian Wolff，1679—1754）因在1721年的一次演讲中盛赞孔子的道德准则和中国为政以德的治国理念而被哈雷大学革职。当时他被下令在48个小时内离开普鲁士，否则会被执行绞刑。

---

[26] 见比尔·施瓦茨《英国扩张：种族、民族和文化历史》（心理学出版社1996年版，第229页）。

世袭制带来的问题

欧洲人尤其赞同孔子全民教育的主张（《论语》15.39）。在全民教育体制下，即使是平民百姓，只要有能力且品德高尚都可为官。孔子反对官员世袭制，认为世袭贵族同家族企业一样存在"世代诅咒"。

中国古语云，富不过三代。第一代人凭能力（才能）获得财富。第二代人得到第一代人的言传身教，但由于生活条件好，上进心不强。第三代人生下来就坐拥财富，视一切为理所当然，通常会将继承的财富挥霍殆尽。"我可怜富人的儿子，"美国牧师和著名的励志演讲家康维尔（Russell Herman Conwell，1843—1925）说，"根据麻省的数据，17个富人的儿子中，无一人死时还拥有财富。他们出生富贵，死时贫困。"[27]

孔子明白世袭制政府会遭受同样的世代诅咒。勇猛有谋的人夺得皇位开创新的朝代，而他们的后代，无论能力如何，将一切视为应得，为满足自己的骄奢淫逸而向人民征税，无视英明且公正的统治。于是人民反抗，社会动荡，不公正的政府被推翻，历史重新轮回。

中国"古之道"的最高理想和道德

"古之道"始于三皇时代，即古代君主采用仁政、务实以及以人为本的治国方法。他们让人民学习基本的技能和知识来改善生活。他们仁慈、公正、有才能，发挥务实的创造力满足人民的需求，孔子因此写下"统治者应'其养民也惠，其使民也义'"（《论语》5.16）（译者注：对人民施以恩惠；使用人民合乎情理）。

---

[27] 见罗素·H.康维尔《几英亩的钻石》（John Y. Huber 出版公司，1890年版）

在湖南长沙孔子像前（摄影：朱庆福）

　　三皇之后的五帝（前 2852—前 2070 年）以公正和道德的统治带给中国数百年的繁荣昌盛。这说明为政以德是和平与繁荣的先决条件，而无德或无能将导致"世代无法延续"。商朝便是因此灭亡。

　　相传商朝（前 1600—前 1046 年）前后共相传 17 世由 31 个王统治。商朝初期，人民生活和平繁荣，统治者受到拥戴，但随后统治者变得自满、腐败与放荡，国势便衰败下来。

　　历史学家司马迁称商朝最后的王——帝辛（前 1075—前 1046 年）的能力远超常人。传言称他足智多谋，从未输过辩论；体魄强健，赤手空拳可捕野兽。但在后期，帝辛不再勤恳治理国家，而是放纵于夜夜笙歌，还做出粗鄙淫秽的曲乐。帝辛为其荒淫的生活征收重税，导致社会动乱。公元前 1046 年，武王推翻了帝辛的统治。

　　为给推翻商朝正名，周朝采用"天命"之说，即无德或无能的统治者会失去上天的支持，将被有德行和有能力的新统治者取代，哪怕新的统治者并非出身于贵族。

同商朝一样，周朝（前1046—前256年）前期也十分繁盛，拥有强大的军队，善于造船和天文导航，在文学和哲学方面也成就非凡。许多政府官员凭借智慧和才能上任。难怪周朝人才辈出，涌现了许多伟大的思想家，如老子、墨子、杨朱、孔子和孟子等，还留下许多伟大的经典古籍，如五经（《诗经》《尚书》《礼记》《周易》《春秋》），以及经久不衰的《孙子兵法》。

至孔子时代，周朝显然已失去上天的支持。各诸侯国发起无止境的战争，国君因害怕遭到暗杀而惶惶不可终日，农民被迫缴纳沉重的赋税以维持战争，残暴的土匪肆意横行。在这种时代背景下，孔子升任鲁国的大司寇。

在孔子的辅佐下，鲁国日益强大，齐国忌惮鲁国的成功，为鲁定公送去80名能歌善舞的美貌女子及骏马作为礼物。这些礼物将鲁定公推向了毁灭，他整日沉迷于玩乐，荒废朝政，也无视孔子的忠告。孔子最终辞任并离开鲁国，但他并未立即走远，心中仍期望鲁定公将其召回。不料事与愿违。此后12年，孔子周游列国，希望能找到愿意学习英明治国的统治者，却遗憾未能如愿。最终，他回到鲁国过着平静的生活。他并未为官，而是潜心教授弟子，学习经典古籍并专注于古老的传统——整理和编纂。73岁去世前，他告诉学生，"丘生不逢时，不遇明王，故吾道难行于世，而终至于穷矣。"

不过，正因为如此，孔子才有时间为后世留下了许多经典著作。

孔子的治国理念

孔子认为好的政府必须看重三件事——充足的粮食、充沛的军队以及人民的意愿。如果必须舍弃其中一项，那首先可舍去的是军队，其次是粮食，最后才是人民的信任。因为如果没有人民的信任，所有的统治都不可能实现。孔子还警示称国家不可强迫人民对其信任，而是应该通过保障人民的需求而赢得信任。因此，重中之重是让人民富裕起来，其次是为人民提供教育。中国至今仍将这些视为最根本的优先事项。

虽然儒家社会以正确的关系和社会和谐为中心，即人人各司其职，但平民百姓接受教育拥有才能和知识后也可担任官职。这就是孔子说的"有教无类"。

这种全民教育的理念最终演变成一种精英管理体系，即通过考试选拔人才，并根据能力选任官员。该体系一直沿用至 20 世纪早期。英国研究中国文化学者翟理思 (Giles) 于 1902 年写道，中国的实际统治者是地方县官，而任何人只要通过考试便可就任该官职：

> 就官员来说，地方县官是中国真正的统治者……只要能成功从特定的文学考试中脱颖而出，人人都可从仕……在中国，资源匮乏也无法阻止人们寻求上进的雄心和渴望。一个男孩但凡有些许读书的天资都会引起关注，若确是读书的料，便会受到更加细心的栽培。中国不仅拥有很多免费的学校，而且还有很多人士出于善意而提供资助。很多高官出身于田间，他们在学生时代的教育费用和赶考时的盘缠都由家乡包办。

我所在的福建省也有过很多从一无所有的贫穷子弟晋升到高官的例子，例如清朝康熙年间的大臣李光地（1642—1718 年）。他出生于偏远的湖头村，少年时期刻苦勤奋，后来成为康熙王朝人人景仰的宰相。

儒家领导思想——以身作则

孔子强调官员不仅应德才兼备，还要以德行而非胁迫、以身作则而非单单依靠法律来履行领导职能。孔子认为武力始终是不得已而为之的事情。《论语》中写道："道之以政，齐之以刑，民免而无耻；

道之以德，齐之以礼，有耻且格。"（《论语 2.3》）（译者注：用政治来领导人民，用刑法来整饬人民，人民就只求苟免于触刑而不会有羞耻心；用德来教化人民，用礼来约束人民，人民就会有羞耻之心而且能进于善）

对于儒家学者来说，道德和诚信是如此重要，他们宁可舍弃官职也不愿背弃信念。聪慧的博学者张衡（78—139 年）因不愿在历史和年历观点上妥协而宁可放弃升官的机会。1938 年，英国作家刘易斯（Lewis，1898—1963）描绘了 20 世纪中国大无畏的贤人：

> 贤人都具有勇敢的品质……勇敢地将古代君王教义的观点付诸实践；处于高位而不跟从顽劣之人；认为有美德便无贫穷，无美德便无财富或荣誉；当受世人赞誉时，想要体会所有人的喜乐哀怒；当不为世人所知时，凛然屹立于天地之间，无所畏惧——这就是勇敢的至高境界。

道家治国理念

道家思想对儒家中国文化和管理的影响沿袭至今。传言孔子曾向道教创始人老子求教。老子也对当时的国家统治者感到失望，就德政提出切实可行的建议，强调国家要减少干预。和孔子一样，老子也主张无为而治，尽可能减少对人民的控制，这样人民就会品行端正，要从思想上而非行动上管理人民。老子说道，"悠兮，其贵言。功成事遂，百姓皆谓我自然。"（译者注：统治者很少发号施令，只付诸行动，事情办成后，人民会称：我们本来就是这样的）

甚至连美国前总统罗纳德·里根（Ronald Reagan）也曾在 1988 年 1 月 25 日的国情咨文中引用了老子的话："正如中国古代哲学家老子所说的'治大国若烹小鲜'，别做过头。"

在今日中国政府的治国策略中也可窥见道家思想的影响，其中最让我钦佩的一点来自于老子的观点,"功遂身退天之道"(译者注:在事情做好后,不要贪慕成果,不要尸位素餐,而要收敛意欲,含藏动力)。美国的政治家在离任后通常会签下收益颇丰的著书合同并开始巡回演讲,吹嘘他们的政绩,对继任者评头论足。而中国领导人卸任后便鲜有动态公布。我曾经有幸同省级到部级的许多官员一起参加会议,我总是惊叹于他们的谦逊和低调,而这些品质正是根植于道家和儒家思想。

老子曾说,"善行无辙迹(译者注:善于行走的人,不会留下足迹或车辙)。"

备受推崇的中国治理思想

如今,虽然很难想象一个没有孔子和老子智慧印迹的世界,但当首次统一中国并建成长城的秦始皇焚烧先代典籍时,他们的智慧也几乎消弭于历史。幸而有汉武帝(西汉第 7 位皇帝,前 141—前 87 年)的远见卓识,儒家思想才能成为几千年来中国文化和治国的基石。

汉武帝推崇儒家伦理和哲学,大力推行儒家教育,以确保他的远见能流芳百世。他还设立乐府,推广诗歌音乐。不过汉武帝对后代最大的贡献是设立了察举制度,这是他坚持不懈打击腐败和抑制贵族势力的产物。

汉武帝废除所有非政府通行费,命令阿谀奉承的贵族回到各自封地,惩罚犯法的贵族(在此之前贵族犯法无罪)。他还通过科举制度,选拔任命有能力的平民百姓为官,终止了贵族对权力的专制,这一举动触怒了贵族。约 2000 年后,中国的科举制度也惹怒了英国贵族。

1832 年英国政府在印度推广科举制度,并于 1846 年在英国设立公务员考试。英国贵族对此十分愤怒,因为科举制度终止了他们对暴利的政府职位的垄断。1863 年 7 月 17 日,一名贵族在议会辩论期间抱怨道,"身为英国人,我不知道我们竟然还有必要向天朝(中国)学习。"

当今世界需要向"天朝大国"学习的要比 1863 年的时候更多。新中国不断发展和推进现代化建设，如今在很多领域已领先世界。值得庆幸的是，这个古老又生机勃勃的国家仍珍视古人留下的亘古不变的理想和伦理，借此续写了辉煌历史。美国传教士倪维思 (Nevius，1829—1893) 博士于 1892 年在《教务杂志》(*Chinese Recorder*) 中写道：

> 自古以来，中国就是其周边国家公认的老师，从不是任何国家的学生。几个世纪以来邻国给予她的尊重，她当受之无愧。在这方面，中国与日本形成了鲜明的对比。日本习惯以学习者自居，其文学文化，甚至语言很大程度上都源于中国……中国顽强固守那些经受了数千年考验并让国家繁荣昌盛的制度，这并不奇怪。

新中国的社会主义能大获成功，正是因为其国家领导人采纳中国古代以人为本、仁爱和追求和平的治国理念，以及任人唯贤的理政方针。法国思想家伏尔泰曾呼吁欧洲采用中国的治国模式。正如耶鲁—新加坡国立大学学院教授曾写道："也许在 21 世纪我们能看到儒家社会的胜利，看到由德才兼备者组成的领导集体为了民众的利益推动经济增长。"

21

新中国成功背后的古代道德准则

> 我踏上厦门这片土地的那一瞬间就感受到了这座城市强劲的活力。我当时是一时兴起来到这里的,事先也对这里的风土人情不太了解。我目光所及之处,人们的脸上充满活力,热情洋溢,民风自然而淳朴。这片生机勃勃的景象下蕴藏着令人震惊的巨大力量。
>
> ——20 世纪 20 年代居住于鼓浪屿的英国人埃夫丽尔·麦肯基-格里夫(Averil Mackenzie-Grieve)

1988 年,我们初到厦门时,厦门人民"强劲的活力"仍与埃夫丽尔 60 年前所见到的那般令人惊叹。虽然面临众多挑战,但厦门人民对未来充满信心,因为现在的条件已远胜过往。我也满怀信心,因为历史已证明中国人民定能战胜困难。不过此前,我认为我们是在"前人栽树,后人乘凉",因为我无法想象我们这代人能亲眼目睹如此翻天覆地的变化。

厦门的生活条件没有让我太过兴奋,倒是厦门人民的乐观进取让我印象深刻。我认识一个修自行车的师傅,姓李,他和妻子住在 3 平米宽棚屋上方的小阁楼里。我每次修完车问他多少钱,他都说没事,等大修时再给钱。他还会泡茶招待我,虽然用的是便宜的小陶土杯,但他斟茶时的翩翩风度和泰然自若让人觉得他仿若置身于学者的院子里，惬意地倚坐在菩提树下，而非坐着晃悠悠的竹编凳子，周围还堆满了生锈的自行车零件和轮胎。李先生连小学都没有读完，然而他秉承的价值观和他的举止言行无不流露出他是个真正的儒士。

乐观主义的文化根源

我在所有人身上都看到了相同的乐观豁达和得体举止，不管是大学领导还是让中国的美丽社区保持清洁有序的环卫工人和园丁。在中国，这种乐观豁达、内敛自信以及对工作的尽心尽力都已是屡见不鲜，反映出中国能在国内外都取得成功的原因所在。正如麦克雷于1861年这样描写南洋华侨：

> 凭借智慧、勤奋和生意头脑，中国人几乎垄断了所有重要、高回报的劳动部门，商业尽在指掌之间。他们成为所在社区的中坚力量和领导人物……

即使在当时殖民势力的武力胁迫下，中国人依然垄断了亚洲范围内的所有贸易，因为他们自信、智慧和勤奋的精神基因根植于孔子所说的"古之道"。

约2500年前，孔子说道，"述而不作，信而好古，窃比于我老彭。"（《论语》7.1）（译者注：阐述而不创作，相信并喜爱古代文化，我私下里把自己比作老彭）"。孔子解释说，这些传统文化会给有德、公正以及爱好和平的国家带来和平与繁荣，而对于偏离原始永恒天道的国家来说，则会带来毁灭。林则徐曾试图以天道来劝阻英国走私鸦片，但未能如愿。在信中大意是这样说的：

> 天道是众生平等；天道让我们不可为了自身的利益而伤害他人。在这个世界上，人人享有相同权利：人人都珍惜生命并

憎恨危害生命的人或事。您的国家远在万里之外；即便如此，天道都适用于你我，且你我本质上并无任何不同；因为不论人生活在何处都不至于眼拙到分辨不出行为好坏……

充满鼓舞的神话

传说中的中国文明开创者——如三皇等伟大的神王，以及神农等英雄，让古代文化发扬光大。中国人敬畏神王并非因为他们的神力或处理日常事务的能力，而在于他们教会人们解决问题的实用技能。生火、造房、种植和加工"五谷"，以及驯化动物等技能让中国人走出洞穴，在75.2万平方公里的黄河流域形成农耕村落，并孕育了中华文明。然而，中国母亲河和中华文明的起源既是福祉也是洪涝频发的地方。

黄河发源于青海，从最西边靠近西藏的位置蜿蜒至内蒙古，而后往东流向关中平原，最后流入山东，灌溉那里干枯的土地。虽然黄河孕育了古代文明，但也带来了灾难。黄河河道约每100年就会发生重大变化，公元前602至1946年间，共发生1593次洪涝，其中最严重的自然灾难当属1931年的洪涝，导致了100万到400万人死亡。

然而，这些不幸也激发了古代中国人的创新精神。毕竟，需要乃发明之母。大禹的父亲（前2123—前2025年）试图依靠筑堤坝治理黄河无果后，禹用了13年的时间实践"化堵为疏"的新策略。如今，禹因建造灌溉系统、治理水患、为中原地区带来繁荣而受到景仰。除此之外，中国人还因为禹与工人同吃同住，甚至还一起干活，对他更为钦佩。这种精神至今仍在中国国家领导人身上闪耀，备受推崇。习近平在福建担任省委书记期间，不仅考察农民的生活条件，还和他们下田锄地。

现实胜过神话

中国人还有无数关于独特创造性和刻苦耐劳的传奇故事。考古学发现，中国早在神王出现前便已繁衍生息。

在位于河北南庄头新石器遗址（前8700—前7500年）的黄河流域一个农耕村落发现了种植小米、使用石磨盘和石磨棒加工谷物的痕迹，比黄帝时期早了6000年。在位于河南的新石器文化遗址裴李岗（前7000—前5000年）发现了种植小米和饲养猪、禽和牛，以及用大麻织网捕鱼的痕迹。遗址中发现了用于收割和碾磨小米的石镰和石磨棒，以及用于烹煮和存放粮食的陶罐。南边的贾湖遗址还发现了种植水稻的痕迹。

古代黄河流域的建筑结构非常新颖，其他国家借鉴甚至沿用至今。把竹骨糊上泥土和糯米敲打成墙，这样的房屋可扛得住地震，还能自我修复，有些甚至留存了700年。由于隔音效果好，保暖特性佳，这些房屋适合全年居住。此外，这种环保技术被广泛用于各种建筑，从医院、教堂和学校，到斯坦福大学的医疗中心和纳帕谷最新的奢侈酒店巴德索诺生态度假村。

古代黄河的农耕方法十分巧妙，比西方先进了数百年甚至数千年。17世纪，荷兰水手将中国农耕技术和工具引入荷兰，从而引发农业革命，进而促成工业革命。

即使进入20世纪后，外国专家依然惊诧于中国农民的聪明才智——数百年来持续在同一小块地里种植庄稼却无损土壤肥力。1898年，美国传教士约翰斯顿（Johnston，1870—1931)描述了不屈不挠的中国人如何在几乎如"不可抵达的鹰巢"一般的陡峭山坡上巧妙地种植庄稼：

> 笔直的山丘突兀地矗立在水边，南面的山丘大多都有600多米高，崎岖不平，寸草不生，然而，中国人凭借不屈不挠的精神将山坡改造成梯田，或是在各种我们看来如同鹰巢般不可抵达的犄角旮旯处种上水稻。

"世界上没有比中国农民更聪明的人了。"美国牧师菲利普·威尔逊·毕 (Philip Wilson Pitcher) 在游历中国后,于 1893 年说道。但中国人的智慧远不止在农耕上。

各行各业的行家

英语中说 "Jack of all trades and master of none(杂而不精)",但中国人似乎精通各行各业,且领先于西方数千年。厦门海蛎养殖场的规模和产量让英国爵士肖尔震惊不已。他在 1881 年写道:"当我们欧洲人还在撰写有关该课题的论文和宣传册时,务实的中国人早在 1800 年前就已收获颇丰。"

西方人还惊叹于中国工匠仅靠简单的工具、技艺和材料——细木条或是普通的竹条,就能轻易做出高品质的产品。1908 年,美国船长乔治·科菲 (George Coffin) 写到中国的木匠:

> 美国佬第一眼看到木匠的工具会认为它们粗糙,不好使,但当看到中国木匠使用这些工具时,便不得不承认它们用起来不难,而且能够比我们的木匠做出更多的作品……他们描漆也描得比我们好……[28]

中国人对细节的专注让外国人感到钦佩。1938 年,英国作家刘易斯感慨地说,对手工技艺精益求精的追求反映了中国人的美学标准以及国内外成功企业家核心的"个人工业主义":

---

[28] 见乔治·科菲《加利福尼亚和环球开拓之旅:1849-1852 年》,戈勒姆·B. 科菲编辑,1908 年 6 月出版。

如果说有哪种美德在中国人身上最常见、体现得最明显，那可能就是在工艺方面的一丝不苟……不论是陶匠拼尽全力涂刷出完美的釉面，还是象牙雕刻师用工多年制成一张价值连城的屏风，或是温婉恭顺的家庭主妇为自家人纳鞋底，都一样在细节上坚持不懈、下苦功，不仅花气力把东西做出来，还花同样的气力追求美观、耐用。在中国，把工作做到极致所得到的满足感似乎本身就是对工作的嘉奖，尽管劳力有时会变成富有创造性的艺术，而且中国艺术家与工匠之间只有细微的差别，但在中国这片土地上，显而易见，劳动力就是最廉价的商品。

这种追求极致的民族特性可能是因为，中央王国历经了跨越数百年的文明，而这种文明得益于个人实业家的倾力打造。即使是最大的企业也最多是由 1 个所有者和 6 到 7 个工人组成；大型的工厂和制造厂仅在引入外国技术之后才出现。任何人习得一门手艺后即可在家开始经营生意；全部自己亲力亲为或是由家人帮忙，直到有能力供养一名学徒为止。

达观的品质

长久以来，所有中国人，包括儒家学者和目不识丁的农民，都共存于这个文明中。居住于厦门的传教士约翰·麦高文（John MacGowan）于 1907 年在他的书中说，中国人是斯巴达勇士和佛陀的结合体，拥有无穷无尽的毅力。他写道：

……这种不慌不忙的精神使得中国人能以斯巴达勇士般的耐性和刚毅来忍受任何苦难。即使食物严重匮乏，不足以维持生存所需，他们也能靠仅有的食物年复一年地生活下去。他们任劳任怨地做着最艰苦的工作，没有闲适的星期天来打破日常的单调和疲乏，也不进行任何的调整让头脑休息片刻。他们会以坚定的步伐继续履行生活的义务，脸上保持着神秘莫测的沉思神情，不禁令人想起中国寺院或寺庙内常见的佛祖形象……中国人的耐力似乎不可估量。他们坚强、宽厚的本性与生俱来，是为力量之典范。

与麦高文同时期在厦门的露丝·塔尔曼描述了"东西方社会在心理上的最大区别"：

在现实的生存环境下，中国人形成了自己的解决方法——节俭（中国人不浪费任何东西）、耐心、勤劳和幽默，这是中国人应对现实生活的处世哲学。也正是这些品质使得中国人刚毅、坚韧，并赋予他们安守清贫和摆脱贫困的意志。中国人不热衷奢侈的物质享乐。他们不是贪婪的族群。中国人更渴望和平与稳定——他们的社会风气崇尚辛勤工作，而非为享乐积累财富。东西方社会在心理上存在巨大差异。

中国社会的所有阶层，无论是学者、农民还是渔民，从处世哲学和举止规范方面都是真正的儒士，因为儒家思想中关于人道主义、正义、规范、知识和诚信的价值观，以及与之匹配的行为举止，不仅只存在于课堂之上，还体现在领导人始终如一的榜样上。

孔子说："道之以政，齐之以刑，民免而无耻；道之以德，齐之以礼，有耻且格。"（《论语》2.3）（译者注：用政治来领导人民，用刑法来整饬人民，人民就只求苟免于触刑而不会有羞耻心；用德来教化人民，用礼来约束人民，人民就会有羞耻之心而且能进于善）

儒家思想如此普遍有效，以至于历史上曾经一度占领了中原地区的少数民族也不得不认可中原文化，并逐渐融入。1861年，麦克雷叙述了数千年来，中国是如何保持不变的：

在这方面，中国体制的持久性值得关注。一个重要而奇特的事实是，从正史的最早时期到现在，中国人完好无损地保存了政府和文明的每一项重要特征和原则。北方游牧民族持续不断的骚扰也没有使中国的体制废止或被彻底修改。马背上的游牧民族在占领肥沃的平原后，面对高度发展的文明局促不安。在征服帝国后，他们不约而同地选择了原来的政府、法律、文化和语言体系。

即使到了21世纪，社会主义新中国仍然推崇"古之道"，想必麦克雷也不会感到意外，因为正如孔子所授，"古之道"是通向和平、繁荣、稳定和可持续发展的唯一道路。

根植于爱国主义和正直品质的和平

中国人的所有品质中，我最钦佩的是他们对和平的热爱，这种热爱根植于其爱国主义和正直的品质。中国人从未想过要将远土侵占为殖民地，因为首先这不合乎道德，其次他们如此深爱自己的祖国，根本不需要抢夺他人的国土。

诚然，外国人很难理解或相信中国人的爱国主义。西方媒体将中国人描绘成贫穷、受尽压迫且厌恶改变的民族。但在中国生活了32年、足迹遍布20多万公里的我却发现，无论是汉族还是其他少数民族，无一不热爱自己的国家，为祖国的变化心怀感激，这让人感到震惊。当然，这并不意味着他们没有丝毫怨言。地球上每个国家都有其自身的问题，而人口最多的中国也不例外。但无论是否百分之百满意，中国人都将中国视为自己的家——即使是身处遥远的异国他乡！英国爵士肖尔在1881年写道，很多中国人前往海外寻找财富，但他们的中国梦是回到故土，生前能返乡最好，即使不能，死后也要落叶归根：

> ……许多人在移居的国家安顿下来，但积累了一定财富后返回家乡者亦不在少数。实际上，由于中国人眷恋故土，部分人为了死后能入祖坟，在经济条件允许的情况下，会特别强调对遗体作防腐处理，送回籍贯地埋葬。

我在中国的 30 年里也体会到了中国人对祖国的眷念。我有很多非常优秀的研究生学生移民到国外，但 10 年或 20 年后，他们又回到中国，接受比国外收入更低的工作。有位学生告诉我，美国的生活很舒适，在那里也能发展得很好，但是那儿不是家，只有在中国才有意义。

中国人珍视和平还因为其符合"古之道"。读研究生时我读了《新教伦理和资本主义精神》(The Protestant Work Ethic and the Spirit of Capitalism) 一书，后来我以"新教伦理道德之外"(Beyond the Protestant Work Ethic) 为题写了博士论文，因为从历史的角度来说，基督教义不是资本主义成功的原因。基督教义中丝毫看不到基督对贫困人民的关注和关心，也没有从行动上寻求正义。而这些做法，狄更斯和马克思的作品中早已进行了详尽的描绘，亚洲、拉丁美洲和非洲已践行了数百年。不过，时至今日，我的确看到了中国"古之道"的潜在影响。这种民族道德观甚至早于孔子时代。中国的"古之道"认为，如果一个国家能遵循天道的"众生平等"，定能实现和平和繁荣。

获得利益的方式只有两种。一种是靠偷窃（比如殖民主义、贩卖鸦片和奴隶或是如今为了获得贸易优势而发起的代理人战争），另一种是像中国人那样，通过经年累月的勤奋、创新和诚信而赢得利益。

我希望其他国家能向中国学习，因为唯有借助"天道"的众生平等——中国 70 年扶贫斗争的基石，我们这颗小星球才有望摆脱过去 500 年来的不公平现象。

22

儒家资本主义和创造力

西方媒体和学者数十年来一直流传着中国人既无创造力又不擅长做生意的谣言。幸好,事实并非如此,而世界也因此受益。中国的企业家精神和中国务实的政府的大力支持造就了经济的繁荣,而正是中国的经济帮助世界终结了2000—2010年末毁灭性的经济大萧条。

我见证了中国商业经济在各个不同阶段的发展。30年前,我在中国安装第一部电话要450美元,而且等了3年才装好。如今,在中国,连乞丐都有手机,还摆出二维码让人捐钱。我用的是中国的华为手机和联想电脑。中国社会迅速从"没钱"转变到"不用钱"。

从"没钱"到"不用钱"

1988年,我们没有什么钱,不过那时也没什么可买的东西。很多基本的商品都需要配给票才能购买。到了2017年,中国是世界上使用手机最多的国家,手机支付金额高达16.7万亿美元,而美国仅为493亿美元。其他国家不仅没迎头赶上,还被远远地甩在身后。预计到2021年,79.3%的中国人将使用手机支付,而美国只有23%,德国只有15%。在中国,即使是内蒙古、新疆和西藏的偏远山区也都接通了网络,村民们可以在线买卖物品。

中国人显然非常精通生意之道,随着"一带一路"倡议的推行,中国的影响力不断扩大，我们也很欣慰地发现，不同于其他所谓的列强，中国总是仅依靠商业手段来获得成功。与美国不同的是，中国从不曾将他国变成殖民地。美国参议员贝弗里奇（Beveridge）于1900年1月9日在国会前曾说道：

> 菲律宾永远属于我们……菲律宾之外，还有中国无限广阔的市场。我们不会退出任何一个地方……我们最大的贸易伙伴必须是亚洲。太平洋是我们的。

虽然与中国进行贸易的机会从来都是无穷无尽的，但是与1900年不同的是，其他国家逐渐发现，在公平竞争、没有他国海军和军队武力胁迫开展所谓"贸易"的情况下，中国人的贸易能力之强令他们始料未及。这对于希望和平共存和共同繁荣的国家来说是好消息。

华人是亚洲最厉害的商人

1988年，日本经济学者久野吉永（Kunio Yoshinara）教授写道，东南亚的华人企业家大部分并不是真正的工业资本家，而是"ersatz"（假的或是粗劣的模仿者）资本家。1992年5月，《商业周刊》一篇文章也写道：

> 简而言之，可以这么说，东南亚最厉害的企业家，大部分源自（中华）民族，他们也许很擅长特许经营，但是他们几乎没有发展可与国际竞争的国内工业。[29]

但事实是，几个世纪以来，亚洲最厉害的商人向来都是华人——原因之一是他们没有其他选择。贝弗里奇参议员的讲话中提到，即使

---

[29]《商业周刊》(*Business Week*)，1992年5月4日，第18-20页。

进入 20 世纪，西方的企业在很大程度上还是依靠殖民主义和军事力量，而华人没有北京政府的政治或海军的无条件支持，只能完全依靠商业技巧和策略。事实证明，这样的劣势实际上却对华人有利，因为在这种情况下华人不得不适应纯粹的商业环境，从而脱颖而出。

毫无疑问，久野吉永看错了。东南亚华侨的确非常擅长做生意。不仅如此，历史还证明，本土中国人和他们的海外同胞一样擅长生意之道。中国实现了贸易繁荣。

300 年前，中国和印度的 GDP 占全球的三分之二。2014 年，《哈佛商业评论》指出，在过去，中国的经济比欧洲更加开放，市场化程度也更高。

陈嘉庚——"典型的中国实业家"

素有"亚洲的亨利·福特"之称的陈嘉庚先生于 1921 年创办了厦门大学，是华侨运用软实力的典范。陈先生年少时离开厦门，到新加坡给父亲的米店帮忙。他在 20 年内缔造了覆盖全球的商业帝国，在 48 个国家开设了 150 个办事处，拥有 30,000 名员工。作为真正的"领导人物"，他捐赠了 1000 万美元（相当于现在的 1 亿多美元），在亚洲各地大力办学。

陈先生既是热爱中国的爱国人士，也是满腹激情的全球公民。他设计的厦门大学建筑融合中式屋顶和西式楼墙和支柱，展现了陈嘉庚牢牢扎根于中国的价值观和理念、打造现代化全球课程的愿景。他的远见让中外人士都感到不可思议。1920 年，也就是厦门大学开办的前 1 年，美国人保罗·哈钦森 (Paul Hutchinson) 写道：

> 这所学校（厦大）是一所完全中国式的院校，既没有外籍教师，也没有对外交流，偏居在中国的一座小村庄里。课程设置非常实用……若我们展望未来，在全中国最鼓舞人心的事物

当中，这所学校称得上是其中一项。

1936 年，英国外交官布鲁斯·洛克哈特 (R.H.Bruce Lockhart) 视陈嘉庚为 20 世纪 30 年代华侨实业家的典范。他说，

> 不过也许对马来人来说，最大的变化是近代中国资本家和实业家的出现……至少从外表来看，他的棕色鞋子、领带和衣领都说明他已西化……还有很多早年做苦力、后来发展成百万富翁的例子，令人赞叹。
>
> ……他是个全能的实业家，拥有犹太人的金钱敏感性、南非兰特大亨的赌博天性、巴塔或福特的现代方法以及过去格拉斯哥苏格兰人不知疲倦的精力。他拥有多家银行和报社，手边有世界各家交易所股票的行情，对商品价格了如指掌。他拥有数个橡胶园和锡矿山。他的工厂生产靴子、便宜的衣服、食品（如菠萝罐头）、建筑材料、药品、肥皂以及橡胶制成的玩具和物品。他还运用现代商人与时俱进的技能，设法将货物出口到几乎所有国家……
>
> 最重要的是，他对当地机构还出手阔绰，跟很多美国百万富翁一样，热衷于资助医院、大学和其他教育机构……

20 世纪，当西方殖民帝国在亚洲失势时，依靠政治和军队而非商业法则的企业也逐渐没落，于是华侨便以低价购入这些企业。如今，虽然华侨人口占东南亚人口不到 10%，但是却控制着三分之二的零售业和 80% 的上市公司。[30]

---

[30] 见李熙德《重新设计亚洲商业：危机的余波》，Quorum Books 出版社 2002 年版，第 83 页。

非凡的商业往来和文化交流

"世界上没有哪个民族比中华民族更富裕,"著名的阿拉伯旅行家伊本·白图泰 (Ibn Battuta, 1304—1358) 说。伊本·白图泰花了30多年游历世界,所经路线约11.7万公里,远超历史上任何一个探险家到过的地方。

泉州——海上丝绸之路的起点,距离我的家乡厦门仅60公里。马可·波罗曾这样描绘泉州:

> 应知刺桐港即在此城,印度一切船舶运载香料及其他一切贵重货物咸莅此港。是亦为一切蛮子商人常至之港,由是商货、宝石、珍珠输入之多竟至不可思议,然后由此港转贩蛮子境内。我敢言亚历山大或他港运载胡椒一船赴诸基督教国,乃至此刺桐者,则有船舶百余……此城为世界最大良港之一。

古代中国不仅在贸易和商业领域卓尔不群,对其他文化和宗教也兼容并蓄。为促进文化交流,帝王甚至还给外国传教士发放薪俸,如当时在泉州的安德鲁·佩鲁贾 (Andrew of Perugia) 以及圣方济各主教 (Francis)。圣方济各主教于1326年写道,这些薪俸总共加起来比一些拉美国家所有的财政收入都高:

> 在大主教得到正式任命后……我们得到了帝王馈赠的阿拉法,用来购买衣服和食物。阿拉法是帝王赐予诸侯国使节、说客、勇士、各类艺术家、吟游诗人、贫民以及各种不同境况人士的薪俸。这些薪俸的总额超过了好几个拉丁国家君主的收入和开支。
>
> 这位伟大帝王的财富、智慧和荣耀无可争议,可称得上普天之下,莫非王土;率土之滨,莫非王臣。他的帝国体制优越,举国上下无人敢与邻居拔刀相向。我将不再赘言,因为言语无

法描绘我的所言所闻，听者也可能会觉得不可思议。就连身处该王国的我听到一些传闻，都难以置信……

我继续待在这个地方，靠着前面说的薪俸生活……我把大部分的薪俸用来修建教堂；我知道，我们省没有哪家修道院在建筑风格和其他所有设施上能与我的教堂相媲美……

实际上，在这个庞大的帝国，各个民族、各种教派、所有的人都可以按照自己的信仰自由地生活……

再见了父亲。以上帝的名义，从今日直到永远。

公元 1326 年 1 月于刺桐城

即使是进入 20 世纪，西方人仍感慨于中国人精明的商业头脑和恪守诚信的品格。1912 年，皮彻 (Pitcher) 牧师在《厦门方志》(In and About Amoy) 中如此描述中国商人：

……我该怎么描述他们呢？他们是一群很了不起的人物……在生意圈里，在商业世界里，他们是出了名的东半球最坦诚最有良心的商人……在交货方面，他们是信得过的商人。无论在交易中可能会亏多少钱，中国人总是按照合同履行义务，享有恪守诚信的美誉。

儒家教育：创新、商业和治国的驱动力

很多专家认为中国严苛的教育体制扼杀了创造力，但假如真是如此，中国古人在严苛的儒家教育下是如何实现众多的新发明呢？实际上，中国人一向在治国、科学和商业领域极具创造力，因为严苛的教育为他们的批判思维和解决问题的能力奠定了坚实基础。

孔子本人就非常具有创新精神。他通过启发式的提问来教学，敦促学生自己思考，而非重复老师的言论。孔子说，"举一隅不以三隅反，

则不复也"。

10年前，西方媒体大肆鼓吹中国缺乏创意。如今，他们的话锋变了。2019年4月，美国记者丹尼尔·库格林（Daniel Coughlin）为 MSN Money（MSN 理财频道）撰文写道，28个不可思议的中国创意正在改变世界。[31]

> 让你大开眼界的科技突破。中国是创新的灯塔，包括本月历史性的登月行动在内的一系列令人大开眼界的创新，使之成为全方位的全球领导者，涵盖从人工智能、机器人，到绿色能源的各个领域……我们将聚焦近期28个先进发明，看看这个地球人口最多的国家是如何迅速走在时代前沿的。

传言古代三皇教人们用火、农耕和建造房屋，改善了老百姓的生活，自此之后，中国人便在自主发明的道路上不断前行。中国有句俗语"青出于蓝而胜于蓝"，意思是学生的成就超过了师傅。

儒家教育不仅奠定了思想基础，还确立了创新和商业活动的道德准则，以保障中国庞大人口（即使在2000年前也有6000万）的吃穿住行。

为了养活数千万人口，公元前500年，中国采用了行栽作物技术，比欧洲早了约2300年，并于公元前200年设立了农业研究机构。公元前300年，中国人发明了铁犁，17世纪，荷兰水手在福建看到铁犁后将其带回欧洲，1730年，"荷兰铁犁"在英国获得专利。公元前200年，中国人使用多管条播机，分行播种，而欧洲直到19世纪才开始广泛使用条播机。中国人早在公元前500年就开始使用分行栽种技术了，比欧洲人早2200年。荷兰人将中国人的农耕智慧——分行栽培、锄草、

---

[31] 见 https://www.msn.com/en-us/money/markets/28-incredible-made-in-china-innovations-that-are-changing-the-world/ss-BBRWnlD

条播机、铁犁（带犁壁，可翻土）和条播机引入欧洲，引发农业革命，从而推动工业革命。

不过，历史上最伟大的农业成就当属蜀郡守李冰于公元前256年修建的都江堰灌溉工程。直至今日，都江堰不仅灌溉了1089万亩的土地，还能采用比现代化做法更出色的方式抵抗洪涝。1912至2018年期间，美国摧毁了1578座阻碍鱼群的自然迁徙或引发其他环境问题的大坝，而李冰的都江堰直到今天仍能让鱼群和船只畅通无阻地通行。如此奇迹要归功于李冰遵循了传承4000年之久的中国河流治理哲学——堵不如疏。两千多年来，都江堰工程是"中国西部鱼米之乡"经济发展的坚实后盾。

学者们通过研究天象来指导农民按季播种。这些留存了4500年的天象记录十分精确，就连美国国家航空航天局也采用这些记录来证明地球在过去3400年来的自转速度为每秒47/1000，英国天文学家因发现了一颗蟹状星云中心星而荣获1974年的诺贝尔奖。而早在公元1054年，中国天文学家就已记载了生成该中心星的星体爆发。

沈括（1031—1095年）的著作中涵盖了气候变化、如何避免滥砍滥伐、生物农药的使用、小孔成像、音乐和数学谐波、立体浮雕地图和道德规范等学科内容。1856年，贝塞麦在英国成功注册了现代炼钢工艺的专利，而早在800年前，沈括就已记载了该炼钢工艺。

中国儒家学者在医学领域也出类拔萃。公元前2000年，中国人已经使用麻黄；公元前300年，中国人强调通过合理地摄入营养、锻炼和减压来预防疾病，而这正是近几十年才在西方开始流行的"健康生活"法。公元980年，中国人通过蒸烫衣物的方式遏制传染疾传播，公元1000年，中国人便已接种天花疫苗。

2015年，屠呦呦博士因研发出抗疟药而获得诺贝尔生理学或医学奖。而她的研发成果正是基于1600年前中国人的研究工作（国外的科学家们尝试了超过24万种化合物都没有成功）。

为了更好地治理庞大的帝国，1400 年前，中国人发明了投影地图，比墨卡托 (Mercator) 的"发明"更早。公元前 2 世纪，中国人发明了栅格地图。8 世纪时，中国进行了从中南半岛到蒙古全长 2500 公里的大地测量，并深入南极 20 度以内的区域进行南天星座考察。

约 1400 年前，为促进贸易，中国继续修建京杭大运河，将杭州和北京与丝绸之路和中国西部连接起来。大运河船闸的发明成就了很多欧洲运河，包括法国的迷笛大运河 (Canal du Midi)，该运河被称为西方的工程奇迹，但总长仅约 240 公里，比京杭大运河还要晚 1000 年。

中国人不仅发明了纸，还发明了纸币、纸牌、贺卡、厕纸，当然，还有纸质的书。

中国儒家学者在数学领域成就斐然，发明了十进制和二项式——计算机运算的基础。1535 年，意大利数学家尼柯洛·塔尔塔利亚 (Niccolo Tartaglia，1500—1557) 提出了 $x^3 + ax = b$，震惊了全欧洲，而早在此前 300 年，中国数学家李冶（1192—1279 年）就算出了 $ax^6 + bx^5 + cx^4 + dx^3 + ex^2 + fx + e = 0$（还提出了地球是个球体的论断）；中国数学家杨辉 (1238-1298 年) 在帕斯卡 (Pascal) 1623 年出生前约 400 年就画出了"帕斯卡三角形"；公元 5 世纪，祖冲之父子就算出圆周率 π 的值在 3.1415926 和 3.1415927 之间，领先欧洲 1000 年。

政府官员张衡（78—139 年）发明了计里鼓车和地动仪，可监测到 1000 公里以外的地震。他还是一名天文学家、数学家、工程师、地理学家、制图师、艺术家、诗人、官员和文学家——是严苛的儒家教育培养出的全能人才。

历史已经证明，中国的儒家教育体系非但没有扼杀创造力，相反，一直以来都致力于培养解决大国问题所需的知识学科和批判性思维。中国人的创新能力处处可见，它体现在中国企业家对抗殖民列强、掌握自己的命运中；体现在 2200 年前政府官员兴建的都江堰灌溉工程中；体现在 1500 年前修建的京杭大运河和 1000 年前建成的世界最大海港中。中国人的创新能力还延续到了现代中国的商业和治国中。

务实的领导者

中国国家领导人的价值观和目标十分务实。顺利通过高考、在大学成绩优异的人在全国各地任职不同的岗位，只有在证明自己的能力之后才能晋升。有鉴于此，当今管理阶层中优秀的工程师比比皆是，掌握的技能可满足占全球五分之一人口的中国的快速发展需求。

香港－亚太经合组织贸易集团高管杜大卫于2017年写道：

> 中国和美国最大的区别不在于资本主义或共产主义。其区别更在于美国由律师治国，中国由工程师执政。[32]

江泽民是一名电气工程师。李鹏是一名水电工程师，曾参与三峡大坝设计。朱镕基是一名电气工程师。习近平的专业是化学工程。温家宝拥有北京地质学院的研究生学位。一名瑞士大使曾将温家宝的大脑比作一台电脑。我在北京和温家宝一起参加过5次会议，每次他都会援引数据回答不同领域的问题。

在如此优秀人才的领导下，难怪中国能完成如此众多令古人也惊叹不已的工程壮举，例如南水北调工程、西电东送、五纵七横、三峡大坝工程以及世界最密集的高铁网络。

不过，虽然这些工程已让人惊艳，但中国政府实施的精准防疫行动更令人拍手称绝。

---

[32] 见 https://stansberrypacific.com/china/china-technology-is-ten-times-better-than-you-might-think/

23

中国的精准防疫

几个月来,我亲眼见证了中国和美国分别是如何应对致命的新冠肺炎疫情 (COVID-19) 的,两国的差异令人咋舌。美国负责疫情防控工作的政客淡化疫情的严重性,同时还谴责中国不作为;而中国奋力与疫情做斗争,就像他们在抵抗贫困和解决其他问题时所做的那样——举国上下团结一致,由专家快速制定全方位策略,科学精准防控疫情。

外媒理所当然地批评中国未能在一开始及时公布病毒消息。但是,就像你不会对着满屋子人喊"着火了"一样,中国不可能在情况尚未明朗之际让 14 亿国民或是世界其他人民陷入恐慌。然而,一经确认存在疫情风险后,中国就迅速分离出病毒毒株并完成全基因组测序,并共享给全世界。

今天,我和妻子能自由自在地在中国城市里散步,无须担心感染病毒,而我在美国的朋友和家人却被困在家中。专家们称已没有任何希望遏制病毒传播,只能等到 12—18 个月后研制出抗 COVID-19 的有效疗法。

相对而言,中国现在已相当安全,这要归功于中国政府毫不犹豫、不惜牺牲经济发展也要拯救人民生命的决策。2020 年 1 月 23 日,虽然当时中国只有 500 个确诊病例和 17 个死亡病例,但中国毅然决然地封锁了拥有约 1100 万人口的武汉(纽约人口约为 800 万)。

其他国家立即对中国口诛笔伐,称其强制性隔离措施违反了人民不可剥夺的自由权利。而如今,这些一直强调"自由"的国家也在本国执行隔离政策，只是为时已晚。

人民比经济更重要

外媒还报道称，中国人民因严格的隔离措施而苦不堪言，但他们却从未提及中国人民惊人的团结、奉献精神和必胜信念。外媒的报道与事实不符，中国人民信任国家领导人，因为40多年来的改革开放已充分证明，领导人最看重的不是经济，而是人民。

"我们很小心，但是不害怕，"一名大学生对我说。"中国人经历过各种逆境，这次我们也能战胜困难。"

一名30岁的单身女性说，"虽然隔离时很无聊，但这是最好的办法。我有大量的时间读书学习，还可以用手机订餐，购买必需品，让人送货上门。"

这种坦然而又理性接受现实的心态与我所了解的美国情况形成鲜明对比。美国人民在商店争相抢购最后一卷厕纸或洗手液。不过，我非常能理解他们的恐慌。在疫情防控中，中国人信任专家和科学家——例如抗击过SARS和埃博拉的陈薇少将；而美国人的希望则掌握在市长、州长和总统的手上，这些人关心的却是争权夺利而非抗击病毒。

地球上最安全的地方

难怪布鲁斯·艾尔沃德博士 (Bruce Aylward) 回国后说道，"如果我感染上COVID-19，我想在中国治疗……朋友们，此次疫情在任何地方都会快速传播，因此我们必须迅速行动，防控疫情。"艾尔沃德博士2月份来到中国，担任中国–世界卫生组织COVID-19联合专家考察组组长。[33]

---

[33] 见 https://www.businessinsider.com/what-works-to-fight-covid-19-lessons-from-china-who-2020-2

艾尔沃德在 2 月的总结中说道，其他国家"尚未做好准备"。4 月 1 日，《今日美国》的头条新闻是《这就是中国战胜冠状病毒的方法，专家称美国无法做到》，这说明世界还没有准备好对抗冠状病毒。[34]

美国无视早期的警示和隐瞒实情

美国人，尤其是纽约人，其实早就应该准备就绪。2006 年，一份 266 页的流行病防御计划提出警示，称纽约市"尤其容易受到传染病风险的袭击"，一旦发生疫情，可能存在 9454 台呼吸机的缺口。纽约市对此的回应是购买了少量口罩以及 500 台呼吸机，而后为缩减维护费用，又把呼吸机卖了。[35]

2015 年 3 月，比尔·盖茨 (Bill Gates) 在一次简短的 TED 演讲中提出警示：世界没有准备好应对下一场全球性的疫情。他说，我们很幸运，因为埃博拉并没有通过空气蔓延到全球。

> 但是下一次，我们可能不会那么幸运。感染病毒的人可能感觉良好，浑然不知，于是他们带着病毒乘坐飞机或去市场，导致病毒传播……实际上，我们可以看看病毒通过空气传播的模型，例如 1918 年的西班牙流感。接下来是这样的：病毒会非常迅速地在全球蔓延。然后你就发现3000多万人死于疫情。因此，这个问题很严峻。我们都应严阵以待。

可是，世界忽略了盖茨的警告，而 COVID-19 恰好是通过空气传播并蔓延到全球的。美国官员私下相互提醒，但面对公众时，他们却

---

[34] 见 https://www.usatoday.com/story/news/world/2020/04/01/coronavirus-covid-19-china-radical-measures-lockdowns-mass-quarantines/2938374001/

[35] 见 https://www.propublica.org/article/how-new-york-city-emergency-ventilator-stockpile-ended-up-on-the-auction-block

说无须担忧。

2020年1月29日，特朗普的顾问纳瓦罗 (Navarro) 在一份备忘录中警示称，病毒可能会感染1亿美国人并导致一两百万人死亡。在2月23日的备忘录中，他警告说，这场危机可能会造成数万亿美元损失和数百万人死亡。然而，就在当天，在特朗普的领导下，纳瓦罗还告诉媒体，"美国人民无须担忧"[36]。还是在同一天，他告诉福克斯新闻，"美国经济非常强劲，即使发生中国的疫情也不会受到太大影响。"

美国：不要戴口罩

领导人和专家不仅淡化危险，还不鼓励民众（包括医护工作者）采取基本防疫措施，比如戴口罩。因为不幸的是，美国没有口罩。

1月30日，美国疾病控制与预防中心 (CDC) 称其不建议普通民众戴口罩，因为"病毒不会在普通社区中传播"。

2月29日，美国卫生局局长发推文称："郑重呼吁大家：不要购买口罩！口罩没有防护效果。"

4月2日，纽约市市长白思豪 (Blasio) 终于建议纽约市民在公共场所遮挡口鼻以保护他人。纽约州州长科莫 (Cuomo) 回应称，口罩只是给人"安全的错觉"，然而还不到两周，4月15日时，科莫本人又下令让纽约人在公共场所佩戴口罩。他说："去公园散步是你的权利……但是你没有权利感染我。"

病毒传播3个半月，确诊20万例，超过1.1万人因此死亡后，科莫才终于要求人们佩戴口罩。然而，即便到了这一刻，科莫还表示，他无法强制执行这项命令，只能靠纽约人民自觉执行。他说，看到没戴口罩的人可以礼貌性地询问："朋友，你的口罩呢？"这可真是纽约作派啊。

---

[36] 见 https://www.cnn.com/2020/04/10/politics/peter-navarro-coronavirus/index.html

政府还提醒纽约人民自己制作口罩，把真正的口罩留给医护工作者——尽管美国和英国都有医生和护士因戴口罩而被解雇，理由是这样会"吓到患者"。

4月6日《卫报》报道，英国的医生被迫在没有防护装备的情况下为COVID-19患者治疗，还被告知要"屏住呼吸避免被感染"。[37]

4月17日，新闻头条报道洛杉矶普罗维登斯圣约翰健康中心(Providence Saint John's Health Center)的10名护士因拒绝在不戴口罩的情况下为COVID-19患者提供治疗而被解雇。

《纽约时报》于3月22日援引世界卫生组织专家小组大卫·海曼(David L. Heymann)的话，"病毒传播可被阻挡，但只有采取强硬的措施才能生效……我们需要注意并隔绝零星的疫情暴发，然后进行严格的接触者追踪……但是这一系列行动都需要卫生部官员开展明智迅速的行动，灵活调整，而且还需要全民的充分配合。只有当美国人意识到，团结合作是保护自己和所爱之人的唯一途径时，疫情防控才有可能有效施行。"[38]

美国将疫情政治化

然而，美国人并没有团结起来，因为他们的领导者没有团结起来。州长与市长争斗，而所有人都在与总统争斗，因为特朗普总统声称拥有绝对的权利，科莫州长不得不提醒道，"你是总统，不是国王。"

即使当病毒肆虐，疫情达到峰值时，这些领导者还在考量复工可能对死亡率的影响，因为在病毒防控战中，他们已全盘皆输，所以不想国民经济也受到牵连。

---

[37] 见 https://www.theguardian.com/world/2020/apr/06/nhs-doctors-lacking-ppe-bullied-into-treating-covid-19-patients

[38] 见 https://www.nytimes.com/2020/03/22/health/coronavirus-restrictions-us.html

不幸的是，这种政治无能最大的牺牲者不是美国人，而是身在印度、拉丁美洲、非洲和亚洲的贫困人民，他们没有条件进行社交隔离，没有钱买衣服，没有口罩资源，甚至因为缺少干净的水而无法洗手。如果世界不借鉴中国防控COVID-19疫情的经验，这些贫困人口将在下一次疫情中继续受苦。

中国的秘诀：疫情即战役

《今日美国》的文章《中国举国统一的抗疫与美国胡乱拼凑的行动》(*China's nationwide response vs. America's patchwork*) 中引用了中国政府高级顾问王辉耀的话——"中国对此次疫情的应对确实是全国性的：系统、全面、协调……封锁、禁止集会、基本隔离、检测、洗手，这些还不够。你需要大规模地隔离人群，在体育馆、大型展览馆等任何你能做到的地方。似乎极端，但管用。'不落下一人'是武汉的宣传标语。一人也不行。"[39]

2015年，比尔·盖茨说过疫情就是战役。中国依靠专家来抗击COVID-19，其中包括陈薇少将。54岁的她是一名病毒学家，是中国最顶尖的生化武器防御专家。陈薇说："疫情即军情。疫区即战场。"[40]

陈薇少将经验丰富，并非纸上谈兵。2003年，她带领团队分离出SARS冠状病毒；2014年，她的团队在非洲研制出首个进入临床试验的埃博拉疫苗[41]。陈薇少将非常清楚解决危险迫在眉睫，她告诉《科技日报》，"疫情防控绝对不能等到疫情来了再做。"

---

[39] 见 https://www.usatoday.com/story/news/world/2020/04/01/coronavirus-covid-19-china-radical-measures-lockdowns-mass-quarantines/2938374001/
[40] 见 https://arynews.tv/en/china-clinical-trials-coronavirus-vaccine/
[41] 见 https://www.globaltimes.cn/content/1183887.shtml

中国能够精准实施多项抗击 COVID-19 的策略，正是由于其在 SARS、猪流感和其他疫情防控中积累了大量丰富的经验。

中国的抗疫举措

商业内幕网 [42] 对中国抗击病毒举措的概述，我看可作为下一次全球疫情的防控指南初稿。

1. 免费快速地检测。疫情初始，中国便为包括农民和外国人在内的所有人提供免费病毒检测。直到今天，我们去商店和餐厅，坐公车或经过街角卫生站时都要接受体温测试。对比下丹妮·艾斯基尼 (Danni Askini) 女士的经历，这位美国人的检测和治疗费用高达 34,927.43 美元。她说：" 看到如此高昂的费用，我震惊得无以复加。我不知道谁能拿出这些钱来。" [43]

2. 暂缓非紧急的医疗护理和非急需施行的手术。西方媒体因此苛责中国，而意大利和西班牙在医疗资源不堪重负时也面临了相同的选择；3 月 24 日，美国外科医生学会 (ACS, American College of Surgeons) 警示称，" 我们仍建议医生减少进行'非急需施行'的手术。ACS 收到报告称，大多数医生正在或已中断进行非急需施行的手术。"

3. 列车取消停靠武汉站。这一点与美国形成鲜明对比。在美国，州长与市长争辩谁有权强制实施隔离，而人人都在与总统争辩。美国总统能够依法下令限制国外旅行，却无法随意干

---

[42] 见 https://www.businessinsider.com/chinas-coronavirus-quarantines-other-countries-arent-ready-2020-3#the-country-implemented-large-scale-contact-tracing-in-the-early-2000s-8

[43] 见 https://time.com/5806312/coronavirus-treatment-cost/

涉州政府的决定。

4. 中国建造定点隔离医院。基于2003年抗击SARS的经验，中国仅仅用了10天就建起了一所面积达6万平方米的医院。该医院拥有两层楼，可容纳1000名病人，配备了若干个隔离病房和30个重症监护室(ICU)。两天后，另一所医院也宣告竣工。该医院面积达3万平方米，配有1300张病床。这两所医院的设计蓝图都是基于北京小汤山医院做的。2003年SARS疫情期间，北京在1周时间内建成了小汤山医院。

5. 全国人民时刻关注医院的建设，网上甚至还进行了全程直播。数百万中国人本应享受中国春节假期出游，现在却困在家中进行"居家度假"。他们称自己为"工程监工"，为起重机取了"小红"等昵称，还高声欢呼"加油！挖得快点！"。面对艰难时刻，这样的幽默和顽强实在让人暖心。

6. 中国采用高科技技术追踪每个病例。西方批评中国、新加坡、以色列和其他国家的"数字权威主义"违反了隐私权，然而，他们忘了当年对伤寒玛丽（Typhoid Mary，1869—1938）的追踪和两次关押。玛丽第二次被关了23年。因为可能威胁到公共健康，她被剥夺了自由的权利。而COVID-19，即使患者在治疗过程中，其致命性都是伤寒的十倍。

7. 科技使世界紧密相连，但也造成了全球性疫情的蔓延。我们同样需要借助科技来抗击威胁，即使是美国白宫和CDC也曾帮助建立和施行模块化无线患者监测系统(Modular Wireless Patient Monitoring System)，用于追踪非洲的埃博拉患者。世界卫生组织常务主任迈克尔·瑞安(Michael Ryan)称，"追踪病例是有效的、成本合理的且'非常基本的公共卫生干预手段'"。

8. 隔离群众可以相对便捷地获取食物和生活用品。美国人在疯抢厕纸、洗手液和瓶装水时，处在隔离中的中国人，几乎无论身处何处，都能用手机购买送货上门的任何物品，包括新鲜的餐食、热茶或咖啡。

9. 快速调动人员，驰援武汉。中国派遣40,000名医护人员驰援武汉，其中很多人是自愿申请。来自全国各地的人民斗志昂扬地接受调动，前往完全陌生的城市，执行他们在这场"战役"中的任务。

10. 全国人民团结一致。连世界卫生组织的艾尔沃德博士都为中国人民的团结深感震惊。正如中国古语所说，"覆巢之下，焉有完卵"（译者注：一人罹祸，全家老少不得幸免）。30年来，我亲眼看到中国人民的精诚团结和对领导人的信任。中国政府仅历经40年的改革开放就让中国发生了翻天覆地的变化。中国人民因此十分信任政府。而在由自私自利的政客所领导的国家中，我们根本看不到团结精神，有的只是"人人为我"。

艾尔沃德博士指出，"绝大多数中国人没有染上COVID-19，正是归功于积极主动的应对措施。"随着中国对病毒的了解愈发深入，这些措施也不断改进。艾尔沃德博士还表示，中国抗疫方法只是以"严格且创新的方式，在历史上从未出现过的规模中"使用了"传统的公共卫生工具"。

"我已从事这个领域30年了，"艾尔沃德说道，"还从未见过这种状况，也不确定是否能奏效。"

这种方法确实奏效了，但根本原因在于政府果敢、坚决、迅速地采取了措施，人民有充分理由相信政府。难怪中国人都那么乐观。

全球抗疫举措

1990年，日本著名管理学家、经济评论家大前研一在《无国界世界》中写道，所有国家的贸易应该是开放和自由的，虽然他自己的祖国日本存在着世界上最一成不变的文化、政治和经济壁垒。直至今日，贸易仍不是无国界的，也许永远也不会是——但COVID-19可真的无视国界。穷人和富人都可能感染，只是年长、体弱和贫困人群受到的影响最大。

当今世界，60%的全球GDP来自贸易，国与国之间的关联不可避免。无国界的病毒需要真正无国界的抗疫举措，因为即使是一个国家的防疫失败也可能会危及其他所有国家。

因此，当我看到多个欧盟国家在中国最需要帮助的时刻为其提供医疗设备，而中国后来也投桃报李，向欧盟、美国和其他许多国家施以援手时，我深受鼓舞。黑暗时期里的这些闪光时刻带给我们希望——我们还要继续学习如何并肩携手，共抗强敌。

为了子孙后代，我希望各国能停止争吵和指责，互相学习。这样在下一次疫情来袭时，我们才能借助科学方法而非政治手段，秉持全球命运共同体而非孤立的理念，凝聚抗疫合力，共克时艰。毕竟，我们的敌人应该是病毒，而不是彼此，打赢无国界疫情阻击战的唯一方式就是采用无国界的措施。

如果世界能学习中国抗击新冠病毒的举措，我希望他们也能向中国学习如何抗击人类另一个自古以来的敌人——贫困。在历史长河里，贫困导致的死亡远超任何疫情。

所幸的是，中国的"一带一路"倡议已帮助一些国家顺利脱贫，用的正是中国自身的成功之道——建设良好的基础设施，培养创新和自力更生的精神。

24

"一带一路"倡议——全球精准扶贫

> 赛里斯人(中国人)是"以诚信著称,以贸易闻名的民族……"
> ——彭波尼乌斯·梅拉 (Pomponius Mela),罗马地理学家
> 公元 43 年

当我的小儿子马修和他妻子要前往非洲从事医疗志愿者工作时,他最大的担忧不是安全(暴动、抢劫、绑架、政治动乱、狮子)或健康问题(疟疾、伤寒、登革热),甚至也不怕生活在热不可耐又没有空调的环境下。我的儿子们在中国长大,跟着我用双脚丈量过第二故乡的 10 万公里漫漫长路,他们绝对称得上吃苦耐劳。不过,有一点让马修很担心——他没办法煮中餐。但是,他在到那儿的第一周就给我写信说,"连最偏远的山村都有个小小的中国杂货铺。"

我很理解他的担忧。法国剧作家和诗人莫里哀 (Moliere,1622—1673) 说过,"人吃饭是为了活着,但活着不是为了吃饭",但我说,莫里哀一定没有吃过中国菜!

当马修发现有家中国人腾出家里一间房来卖香料、豆腐和竹笋等常用食材给附近建造大坝的中国人后,他终于能适应非洲的生活了。而且马修渐渐发现,非洲各个角落都有中国人的身影。他们在以中国方式——建设基础设施,帮助这块广袤大地脱贫。

延绵 4000 年的对外贸易

截至 2019 年,"一带一路"倡议 (BRI) 的 69 个参与国人口超过全球总人口的 62%,占全球 GDP 的 31%,全球贸易额的 33%。虽然西方专家就中国的"新开放"大书特书,但实际上,早在 4000 年前——远比大多数现代国家存在的时间更早时,中国就已和欧洲、非洲和亚洲其他国家开展贸易往来。

研究人员在中国西北部的丝绸之路上发现了有 3800 年历史的高加索人木乃伊,其中一些木乃伊身着"奥地利"斜纹布。在埃及发现的一具有 3000 年历史的木乃伊身上残留着丝绸织物,而当时只有中国生产丝绸。汉朝(前 221—206 年)每年派遣 10 余位使臣至中亚进行贸易,换取强壮威猛的骏马。公元 100 年,埃塞俄比亚人派使节前往中国。公元 43 年,罗马地理学家彭波尼乌斯·梅拉写道,赛里斯人(中国人)是"以诚信著称,以贸易闻名的民族……"。

1100 多年前,广东有 12 万名来自世界各地的外国人。福建的泉州港是海上丝绸之路的起点和习近平"一带一路"倡议的灵感源泉。据马可·波罗称,当时西方每发出一艘船,就有 100 艘船驶入泉州。贸易如此兴盛,以至于南宋皇帝宋高宗(1107—1187 年)说道,"市舶之利最厚,若措置得宜,所得动以百万计,岂不胜取之于民?"(译者注:港口贸易获利最多,如果经营方法得当,所获得的利益可以用上百万来计算,岂不是比向老百姓征收赋税更有利?)

因此,2014 年 3 月,《哈佛商业评论》写道:"直到 19 世纪初,中国的经济比欧洲更加开放,市场化程度更高",对此我丝毫也不感到惊讶。1842 年,中国是个开放的经济强国,占全球 GDP 的 32%。然而,正是这一年,中国在第一次鸦片战争中落败。至 1942 年,外国侵略者用武力胁迫的鸦片贸易已持续了 100 年,中国的 GDP 占比从 32% 严重下滑至不到 5%。

中国为非洲带来新希望

与中国和印度一样,非洲大陆也曾遭遇摧残。非洲面积如此广袤,比欧洲、中国和美国的面积之和还大。尽管非洲大陆是当今资源最富饶的大陆,但从经济上来说,非洲也是目前为止最贫穷的大陆。因为数百年来,欧洲人瓜分非洲大陆进行殖民统治,将当地所有宝贵的资源出口,甚至将非洲人作为奴隶出口。

由于所有宝贵的东西都被送出非洲,因此也不需要建设基础设施来连接非洲各国,导致非洲"只增长,没发展"的坏名声。

1980年,偌大的非洲在全球制造业份额中仅占0.4%,至2003年竟下降到0.3%。但截至2014年,该占比增长了4倍,达到1.5%——虽然占比依然不高。这些许的增长归功于中国开始用自己的成功经验帮助非洲摆脱贫困。几十年来,中国流传着一句老话——"要致富,先修路"。随着习近平在2013年启动"一带一路"倡议,这一理念也传播到了其他国家。

美国国务卿希拉里·克林顿(Hillary Clinton)告诫非洲,要只与"负责任的国家"交往,不要与只想剥削他们资源的国家(中国)往来。非洲人民一笑置之。南非总统祖玛(Zuma)说道,"非洲过去与欧洲的经济往来告诫我们,与其他经济体建立合作伙伴关系时需要谨慎。我们确信中国的目的与欧洲国家不一样,这些欧洲国家至今仍试图为了自身利益而影响非洲国家。"

中国从很早以前就明确了为非洲着想的心意。麦肯锡咨询公司写道:

> 即使在1978年,中国刚从"文化大革命"的巨大创伤中缓过来,仍是全球最贫困的国家之一,他们也为74个国家提供外国援助——为非洲提供的援助比美国提供的更多。[44]

---

[44] 见斯蒂夫·达维斯和华强森《将中国对非洲援助用到极致》,麦肯锡咨询公司,2010年6月。

20世纪60年代，中国建造了坦桑尼亚—赞比亚(TANZARA)铁路。当时西方迅速指出，非洲人接手后，铁路就废了。中国从中汲取教训，即在建造基础设施以外，还培训非洲人，教会他们维护和管理新项目。例如，中国目前正在埃塞尔比亚投资兴建一所铁路学院。

中国还提供奖学金，资助非洲人来中国学习，为非洲培养未来的工程师、经济学家和领导人。我在厦门大学（厦门大学的会计专业在中国排名第一）就见到过很多这样的未来领导人。他们都很感激中国让非洲历经数百年沧桑岁月后重拾希望。

安德鲁·梅闻达在2007年TED全球演讲《非洲不需要经济援助》中指出，非洲在1960年至2003年间接受了6亿援助金。"那些钱都去哪儿了呢？"他问道。大部分钱都用在了卫生、食物和教育方面，而几乎没有用于实际发展。梅闻达问观众，"谁能告诉我，有邻居、朋友或亲戚因为接受救济而变得富有吗？有拿着碗乞讨，接受救济就变富的？"

中国汲取过去的经验教训，知道靠"输血"容易养成依赖性，无法消除贫困，只有"造血"，培养自力更生的能力，才是可持续的扶贫方式。习近平多年来始终坚持倡导"摆脱贫困意识"。

非洲为何尊重中国

麦肯锡咨询公司（2010年6月）总结了为何非洲人尊重中国方法：

> 中国在过去30年来让数亿人民摆脱贫困，这一发展轨迹给非洲人民带来了经验和希望。中国采用务实、商业化的发展方法，专注于急需的基础设施项目，这些因素进一步提升了中国的信誉。此外，在非洲的中国工人通常也受到尊重，因为他们来到非洲之时就已准备好要在田里或工厂里干活，通常也与当地人同工

同酬。这与西方援助组织或商业企业的薪资、住房和接洽方式截然不同。也正因如此，中国还明确拒绝被贴上援助国的标签。

中国帮助贫困国家建公路、铁路、机场、桥梁、大坝、发电站、学校和医院，赋予这些国家自主脱贫的能力。世界银行预计，"一带一路"倡议涵盖的项目能缩短 12% 的出行时间，将贸易占比从 2.7% 提高至 9.7%，促进收入增长 3.4%，让数百万人民摆脱极端贫困。这些大型项目为发展铺平了道路。借助这些项目，全世界的企业家都能在这里进行小型和多样化的投资，涉及农业、银行业、保险业、交通物流、房产和电信等领域。

麦肯锡高级合伙人孙辕说道，"中国的制造业投资是助力非洲这一辈人实现工业化的最大希望。中国在非洲的活动也不仅限于国家层面，私有企业也发挥了相同、甚至更大的作用。私有企业能提供更多工作机会，更快速地实现本地化，发挥更大的经济和社会影响力。"[45]

2018 年 8 月，阿里巴巴创始人马云在非洲的几个国家设立了"马云非洲青年创业基金"，帮助 100 多家非洲创业公司。2019 年 11 月 16 日，该基金在加纳首都阿克拉举行非洲创业者决赛，从 10,000 多名参赛者中决选出前 10 名，分别提供 100 万美元的奖金。

但在发展中国家，做出改变不需要 100 万美元；有时仅仅 50 美金就足够。我儿子马修发现，有个村庄的妈妈们每天要走 6 个小时取水。于是他在网上搜索解决办法，付给当地铁匠 50 美元，请他打了一个铁钻头，然后帮助村民们挖了口井。现在那个村庄有了水源，政府还派了一名教师，建了一所学校。整个村庄都有了希望和未来。

---

[45] 见 https://www.ozy.com/around-the-world/how-chinese-entrepreneurs-are-quietly-reshaping-africa/93519/

为非洲创造就业

"一带一路"倡议饱受非议的一点是中国将自己的工人送到非洲，而不是在当地招聘。麦肯锡调查了40多个非洲国家的400多家中国企业，结果显示雇佣的工人中80%是非洲人。中国在非洲的10,000多家企业不仅为数百万非洲人民创造了工作岗位，还提供了技术培训和技术转让。紫金矿业培训非洲人接手1500个技术岗位，华为在尼日利亚创办了西非培训学校，以精进非洲工程师的技能。我去过华为深圳总部，并与一名曾在非洲工作的经理谈过。华为为非洲团队成员所做的一切让人感动。如同其在偏远的西藏所做的一样，华为也为非洲的偏远地区提供通讯服务，哪怕根本无法从中获利。

在埃塞俄比亚，82家中国企业的总产出达7.3亿美元，在埃塞俄比亚东方工业区（2007年由一家中国私有企业建造）创造了10,000个工作岗位。中国在吉布提等地新建的自由贸易区成为全球贸易和物流中心，将非洲与亚洲、欧洲连接起来。

中国与西方国家的不同之处不仅在于使用不同的经济策略，更在于中国人切身与其他国家的人民一起奋斗。Smallpower.org网站的本·奥兰德(Ben Olander)说道，

> 走在金沙萨的街上，你会看到中国人和非洲人肩并肩一起干活，这种场景不会发生在欧洲人或美国人身上。

西方国家在非洲的技能落差

奥兰德还指出了美国愈发严重的"技能落差"：

> 半个世纪前，非洲和其他地方到处都可以看到各行业的美国工程师，他们负责设计基础设施项目，正如中国人现在所做

的一样。而如今美国新生代工程师数量不足，连国内市场都满足不了，更别提派到发展中国家了。相反，美国派去大量的顾问和所谓的"发展专家"。这些人似乎除了写报告、参加会议，就是坐在舒适、开着空调的安全办公室里，什么也不做。相比较之下，中国源源不绝地培养工程师，将训练有素的工程师派往非洲各地，建设通讯、道路和电气网络。我们的技能不再局限于满足和我们并肩作战的人民的需求。中国人之所以高效，真正的原因是派来的都是实干派，而不是徒有其表的顾问。后者只会坐着有司机专门接送的 SUV，天天吹着空调，来回于办公室间，而从未真正与人们并肩作战共同奋斗。

"一带一路"倡议的另一个批评声音是合作国的债务风险。然而，中国正致力于通过采用多元化的融资手段，如股权融资和债券，降低这些风险。当前，中国还和 20 多个"一带一路"沿线国家签订了互惠外汇信贷协议。赞比亚、安哥拉、加蓬和苏丹等非洲国家已成为中国的贸易顺差国，中国正考虑免除 31 个面临意外困境的非洲国家总计 105 亿人民币的债务。

中国还推动"一带一路"绿色倡议，助力实现环保与增长的平衡，将其在国内取得的成功复制到非洲。来自 10 个国家和地区的近 20 个金融机构签署了《"一带一路"绿色投资原则》。该原则由伦敦市和中国金融学会共同制定，旨在促进"一带一路"沿线国家的绿色发展。

麦肯锡：未来在非洲

"非洲的外国投资回报率比任何其他发展中国家和地区都要高，"麦肯锡 2010 年 6 月的季度报告中写道，"全球高管和投资人必须密切留意。然而，虽然非洲遍地是机会，但是许多西方企业并没有制定非洲战略，因为他们认为在非洲做生意很可怕，存在很多不确定因素。"

"一带一路"倡议确实承担了巨大的风险。中国人在非洲面临着政治和经济不稳定、腐败、暴力、工人和管理层被绑架、战争和健康问题等风险。但是，自20世纪50年代以来，中国坚信，非洲已遭受太久的苦难，中国人值得为非洲人民承担风险，帮助非洲发展是唯一正道。

500年来，很多当今的强国不是采用真正的贸易手段，而是通过殖民、鸦片和贩卖奴隶致富。但在史上有记载的岁月中，中国从未占领过远土，也不曾参与除和平、互惠互利的贸易和交流之外的任何活动。几十年来，新中国的领导人都说过，一个还有贫困人口的社会便称不上繁荣社会。

如今，中国正通过"一带一路"倡议将这个价值观带向全球，因为在地球这个小小的星球上，但凡有国家处于贫困或战争之中，其他国家便不可能实现真正的繁荣。

"一带一路"倡议如何惠及西方国家

虽然一些国家依然无视"一带一路"倡议所带来的好处，公然反对，但这并不影响他们使用新建成的高效的基础设施。2019年10月，印度货物从那瓦西瓦港 (Navasiva) 出发，搭乘中国东海岸厦门市开出的列车，被运往最西边的乌兹别克斯坦塔什干。尽管从东到西路途曲折，但货运时间比其他路线快了将近20天。

虽然美国政府抨击"一带一路"倡议，但是美国PVH集团是阿瓦撒工业园区的最大雇主。阿瓦撒工业园是中国国有企业中国土木工程集团有限公司 (CCECC) 在短短9个月时间里建成的环保园区。

Royal Haskoning DHV (RHDHV) 是荷兰一家全球工程公司，在南非设有分部，与中国国有建筑企业中国航空工业集团有限公司合作建设机场。

阿尔及利亚国有石油公司、非洲最大的公司 Sonatrach 与中国港湾

工程有限责任公司 (CHEC) 签订了 4.45 亿美元的合同，在阿尔及利亚东部建设港口设施，因为这是扩大产能和扩张国际市场的唯一选择。

毕业于复旦大学的博士莫安 (Pippa Morgan) 在《外交官》(The Diplomat) 杂志（2018 年 3 月）中写道：

> 当然，如果没有中国在埃塞俄比亚各地建造的铁路、公路以及发电站，PVH 和其他全球投资者根本无法在当地进行商业运营……投资人急切需要道路、电、水和网络。传统的西方合作伙伴要么不愿意，要么无法在这些基础设施上投入大量资金，而考虑到埃塞俄比亚的贫困情况和低税收，政府还有什么办法建设这些在发达国家中司空见惯的基础设施呢？如果没有中国的帮助，西方用在培训和其他"软"行业的资金都会掉入黑洞，而埃塞俄比亚也可能因陷入"太穷而发展不起来"的困境而遭受谴责——注定要靠勉强糊口的农业和国际救济存活。

中国的经济投资还推动了积极的社会变革。2019 年，福布斯全球企业 2,000 强将紫金矿业评为世界金产量和中国有色金属产量最高的企业。由于紫金矿业的一些经理人曾是我的工商管理学硕士 (MBA) 学生，所以我了解到紫金矿业在遥远的国家，如塔吉克斯坦、秘鲁、澳大利亚和俄罗斯等分部的一些情况。紫金矿业为刚果民主共和国 (DRC) 带来经济效益，帮助刚果实现稳定。2019 年初，费利克斯·齐塞克迪 (Felix Tshisekedi) 总统当选后，刚果首次顺利完成了民主政权交接，这一切也得益于经济发展带来的国家稳定。世界银行对此赞不绝口，认为这是改善刚果民权的"绝佳机会"。

"一带一路"——将精准扶贫推向全球

2017 年，世界经济论坛报告称，1990 至 2005 年期间，全球扶贫成果有四分之三来自中国。中国具有企业家精神的国家领导人希望借助"一带一路"倡议助力其他国家解决贫困问题，分享中国的扶贫经验——建设基础设施，让老百姓自力更生，成功脱贫。

1个世纪前，世界以为中国已是强弩之末，但熟悉中国历史和中国人精神的外国人却相信中国不仅能存活下来，而且必将走向繁荣。美国女性作家盖姆韦尔 (Gamewell，1858—1947) 于1919年写道：

> 中国与古埃及不同；古埃及依然存在，但她已不再伟大。中国有蓬勃生机，其最大的发展潜力不在过去，而在未来。一种崭新的生命即将流遍这个国家的血管。

如今，这个崭新的生命不仅在中国血脉中奔腾，还将惠及其他国家。然而，这再一次让西方国家感到威胁——他们担心中国开始要征服世界。

我理解西方国家的担忧，因为经历500年的殖民统治，他们完全有理由相信，强大的中国将依样画葫芦，也许会像美国在1900年那样叫嚣"太平洋是我们的！"

幸好中国从未想要征服他国。如果古代中国哪怕有一丝丝实施帝国主义的念头，今天全世界恐怕都要说中文了。

麦克雷于1861年指出，中国人仅仅依靠商业原则便在商业界取得成功，并作为"领导人物"，回馈社会。如今，中国正在帮助其他国家建设当地的基础设施。

中国还向世界展示了如何通过科学手段，而非鼓吹政治来防控疫情。这是一项极其宝贵的经验，因为地球很小，只有跨越国境的亲密合作才能共同应对全球问题。

25

和平之道

2016年，我和苏回到台北庆祝35周年结婚纪念日，感觉像是兜了个圈又回到原地。苏在台北出生，我们结婚也在台北。如今世界较过去富裕得多，但显然没有变得更睿智。现代科技如此神通广大，全世界却仍有10%的人口，即约7.34亿人，生活在绝对贫困中。[46]

如果国家间不团结合作，找出贫困症结，精准对症下药，财富再多、科学再发达也永远无法消除贫困。最重要的是，永无休止的虚华说辞、散布恐慌，让各国各地区在地缘政治博弈中相互对抗，导致贫困持续存在，永远得不到解决。我们现在恐怕离结束这场博弈更远了，至少与1976年的局势相比是如此。

1976年，我被美国空军派往台湾时，以为势必要踏上战场。所幸的是，两岸在对峙中动用的是辞令而非武器。长久以来，中国人始终认为，"言语胜于刀剑"，并尽可能以此为行动准则。

渐渐地，我开始敬重大陆的克制。毕竟，大陆既然没有统一台湾方面驻军的金门岛（离厦门仅4.8公里），就不太可能会对161公里以外的台湾岛动武。而且，两岸都是中国人，都熟知《孙子兵法》所说的"不战而屈人之兵，善之善者也"。

---

[46] 见 "PovcalNet". iresearch.worldbank.org. 检索于2019年3月10日。

40 年后的今天，虽然两岸消除了一些分歧且不断增进交流，但仍未化解所有矛盾，部分原因是 1900 年那个声称"太平洋是我们的"的国家在从中作梗。

我在美国空军服役期间，我们视中国为最大威胁，自诩为"和平使者"。然而我越深入了解美国的全球"警察行动"，就越认为通往和平的途径绝不应该是连绵的战争，包括美国中情局 (CIA) 在老挝的"秘密战争"——1975 年，也就是我被派往台湾的前 1 年，这场战争刚结束。直到 1997 年，美国才承认他们在 8 年间向这个比厦门人口还少的小国投下了 2,756,941 吨的炸弹——比美国在整个二战中用的还要多（1958 年，美国还曾考虑过对厦门投掷原子弹）。[47]

我了解得越多，便愈发疑惑到底谁才是对和平最大的威胁。

我既没有要妖魔化什么国家，也没有要神化什么国家。我非常明白每个国家，包括中国，都有各自的问题。但在那 100 多年里，中国明明饱受摧残，却被西方描绘成"黄祸"。现今中国如此强大，不可能再受蹂躏，但许多国家仍深陷极度贫困之中，究其原因便是腐败和战争——许多是由贸易引起的所谓代理战争。要结束贫困，就势必要结束战争，并承认对和平造成威胁的并非中国。实际上，纵观历史，中国深受儒家和道家价值观影响，最不可能发动战争。

1861 年，美国传教士罗伯特·萨缪尔·麦克雷在《在中国的生活》(*Life among the Chinese*) 一书中说明了为何自孔子以降，中国人便宁以理服人而不愿兵戎相见：

> 中国人若听到别人说他们"缺乏好战精神"时，丝毫不认

---

[47] 见奥利弗·斯通和皮特·库茨尼克《不为人知的美国历史》，西蒙与舒斯特出版社 2012 年版，第 389 页；见玛丽琳·B. 扬《越南战争 1945 年 –1990 年》，哈珀永久出版社 1991 年版，第 234-236 页；见弗莱德·布兰福曼《川矿石壶平原的呐喊：空战下的生活》，哈洛出版社 1972 年版，第 3 页和第 18-20 页。

为这是对他们品格的贬低。"我们不是崇尚武力的民族，"中国人说，"我们是崇尚诗书的民族。我们以理智而非蛮力定义权利与特权；以论辩而非刀剑裁决争议。"

然而，对于中国诉诸情理和道德的做法，西方不以为然。

从林则徐看鸦片贸易

西方曾以武力胁迫走私鸦片长达百年之久，我对此知之甚少，直到 20 世纪 90 年代中期，我在一部讲述林则徐尽力终止鸦片贸易的电视剧中扮演英国上尉艾略特。因为我确信剧本必然是虚构的，所以查阅了史料。我搜索了西方的相关资料，因为我不相信中国资料的客观性。结果我惊讶地发现真实的鸦片贸易罪恶滔天，剧本反倒弱化了罪行。"英国人也不是真的那么坏，"一位导演对我说，"任何事情，只要获利够丰厚，人总能说服自己那是符合道义的。"

道光皇帝有几个儿子死于吸食鸦片，他痛斥英吉利"作为基督教国家，五德缺了四德"。英吉利对此的回应是，向皇帝承诺，如若皇帝默许鸦片，他们将提供巨大的财富。道光皇帝大为惊骇，做了回复，大意是：

> 我的确无法阻止毒品流入。追逐利益的堕落之人会为了利益和享乐而违背我的意愿，但我无论如何不会为了获得钱财而让我的人民受苦。

1820 年至 1835 年间，中国的鸦片成瘾者增加到原先的 50 倍。林则徐践行典型的儒家准则，试图与维多利亚女王讲理，于 1839 年写了一封义正词严的信给维多利亚女王，大意是：

> 我听说您的国家禁止吸食鸦片，违者将处以严重处罚。这说明您知道鸦片的危害。您本国人不吸食鸦片却继续生产并试图让中国购买，这种行为让人生厌且有悖天道。
>
> 天道是……众生平等；天道不迫使我们为了自身的利益而伤害他人。在这个世界上，人人享有相同权利：人人都珍惜生命并憎恨危害生命的人或事。您的国家远在万里之外；即便如此，天道都适用于你我，且你我本质上并无任何不同；因为不论人生活在何处都不至于眼拙到分辨不出行为好坏……

林则徐对道德的呼吁没有起到任何作用。1843 年 4 月 6 日，《时代周刊》概述了首相罗伯特·皮尔 (Robert Peel) 的态度：

> 道德和宗教、人类幸福、与中国的友好关系以及英国制造商的新市场本身都是非常好的事物，但是鸦片贸易给印度政府带来 120 万英镑的收入……

林则徐最终放弃了讲理和道德呼吁，他收缴了 20,283 箱外国鸦片，耗费了 6 周时间才全部销毁。当外国人看着黑烟在广州城升起时，林则徐说道："我从他们的态度来看，尚存的良知让他们真心地感到羞愧。"

然而，他们满脸通红并非出于羞愧，而是出于愤怒，英国遂发动了两次鸦片战争。第二次鸦片战争后，中国依然拒绝将鸦片合法化。于是，4000 名英法联军纵火焚烧北京圆明园。大火烧了 3 天，占地约 323 公顷的圆明园被烧成一片废墟（当然，在纵火之前他们已经劫掠了园内的无价珍宝；据联合国教科文组织称，这些无价之宝目前散佚在世界各地 47 家博物馆中）。中国不得不投降并将鸦片合法化。

时至今日，仍有西方学者批评林则徐"执法严厉，未能考虑鸦片问题的国内和国际复杂性"。[48] 但林则徐的失败之处在于他以为能与丧尽天良的对手理论。

我在电视剧《林则徐》中扮演艾略特上尉期间，其他演员会在休息时开玩笑，而我却感到凝重，经常保持沉默。在我的人生中，这样的时刻屈指可数。假若今天墨西哥的毒品卡特尔肆无忌惮地载着数吨的鸦片跨过边境进入美国，墨西哥军队还为其保驾护航，且若美国拒绝接受鸦片，不敢想象有人会指责美国未能考虑到"问题的国际复杂性"。

如果墨西哥毒枭在 10 年内能靠贩毒成为亿万富翁，试想西方列强以武力胁迫将整船整船的鸦片贩卖给中国长达 1 个世纪，他们又会从中攫夺多少财富！美国首个百万富翁约翰·雅各布·阿斯特 (John Jacob Astor) 靠往中国走私鸦片赚到第一桶金。他死后留下的财产在今天价值 1400 亿美元。

到了 1900 年，中国成年人中有四分之一吸食鸦片。1896 年，中国总督张之洞在其《劝学篇》中写道：

> 去毒！悲哉洋烟之为害，乃今日之洪水猛兽也，然而殆有甚焉……是中国不贫于通商而贫于吸洋烟也。

中国在哪？

埃伦·拉·莫特 (Ellen N. La Motte)，美国护士、记者、作家，其生动的文笔被认为影响了海明威的创作。1919 年，埃伦在《北京的尘土》(*Peking Dust*) 中写道：

> 一个美国人指着中国地图上用不同颜色标注的区划说，他

---

[48] 见乔纳森·斯宾塞（史景迁）《追寻现代中国》，诺顿出版社 1999 年版。

的公司可以开在这里、那里，或是别的什么地方，但是每次都被告知："不行，那块地方属于英国。不行，那块地方属于法国。不行——那是俄罗斯的地盘。不，这是德国人的地盘。"终于，这名美国人向中欧各国官员质问道："中国到底在哪里！"

西方国家恣意在中国土地上划分各自的势力范围，中国被瓜分得七零八落。1899年，英国勋爵查尔斯·贝思福(Charles Beresford)出版了《瓜分中国》(*The Break-up of China*)[49]一书。这本书实质上是一本目录，记载了中国各地的资源分布状况以及对外国侵占者的好处。

在我家所处的厦门，"国际警察"徽章上印有10来个国家的国旗，唯独没有中国。外国人在中国不受中国法律约束，而中国人在自己的国家却不得不遵守外国法律。然而，即便中国惨遭侵略和鸦片毒害长达1个世纪，西方媒体依然将中国描绘成"黄祸"——威胁和平及公认的"自由贸易"秩序。

约翰·麦高文(John MacGowan)是一位在厦门传教的爱尔兰传教士，撰写了多本有关中国历史、文化和语言的书，对西方将中国描绘成"黄祸"的行为嗤之以鼻。1907年，即"中国梦"在中国成为热词的100年前，他说明了为何中国人热爱和平——事实上也描述了中国梦[50]：

> 一些作家曾预言，也许有朝一日，在战争精神鼓舞下，他们（中国人）会拔刀相向，奋起反抗西方列强的野蛮侵略。然而这是个永远都不会成真的梦。中华民族本质上是一个热爱和平的民族，因为他们生性如此，且又经多年的历练。他们对战争带来的荣耀不感兴趣。贸易、商业和赚钱、和平的生活是这

---

[49] 见查尔斯·贝思福《瓜分中国》，哈珀和兄弟出版社1899年版，美版第1版。
[50] 见约翰·麦高文等《近代中国人的生活掠影》，Trubner & Co.,有限公司出版社，1907年版。

个民族理想中的"中国梦"！宗族之间刚要开始战斗，与其他国家的战争才刚吹响号角，他们便会大声疾呼"调停""调停"。"调停"是中华民族的血液里自带的技能，而善为调停之人则必定是极富声望之人。

麦高文的预言成真了：

> 西方人该惧怕的不是中国人的好战心，因为纵观其历史，他们从来不是好战的民族，西方人该惧怕的是中国的人口数量……中华民族是个强大的民族，同样的收入，对于美国或澳大利亚工人来说可能无法温饱，但中国人却能过上舒适，甚至是奢华的生活。未来与黄种人之战不会发生在任何战场上，而是在他们将渗入的其他国的劳动力市场上。[51]

麦高文在厦门亲眼见证了中国人杰出的商业才能。据称，1900年，鼓浪屿曾是地球上最富庶的1平方英里。即便在今天，这个小岛上依然坐落着1000户宅邸。不过，虽然西方人掌控着军队、警察和海关，但财富属于中国人而非西方人。外国人的优势在于硬实力和贩卖鸦片，但仅此而已。这恰好成就了中国人，他们抓住这个机会像世代的先辈那般做起了生意。

中国——追求和平的古代军事强国

正是在这个时期（1573—1644年），荷兰人通过台湾进入大陆。他们占领了澎湖列岛，登陆厦门，并从厦门继续入侵，

---

[51] 见麦铿利·黑斯廷斯《在中国的生活》，卡尔顿和波特出版社，1861年版。

最远到达漳州和平潭。当时,荷兰正与西班牙和葡萄牙交战;他们的商船全副武装且出海的目的不只是为了贸易,还在于掠夺战利品。

——美国驻华公使田贝(Denby)
1900 年 [52]

世界应庆幸中国没有模仿西方道路,因为长达 1000 多年来,中国拥有全球最强大的陆军和海军。著名的阿拉伯旅行家伊本·白图泰(Ibn Battuta)(1304-1369 年)如此描述中国福建泉州港的船只:

大船有三至十二帆,帆系用藤篾编织,其状如席,常挂不落。每一大船役使千人:其中海员六百,战士四百,包括弓箭射手和持盾战士以及发射石油弹战士。

几十年后,航海家郑和(1371—1433 年)七次下西洋,航迹遍历亚洲、东非和阿拉伯。电影《辛巴达传奇》的灵感也许就来源于郑和七下西洋。1405 年,郑和率领 62 艘船、27,800 名船员首下西洋。其船队中最长的船长达 127 米(哥伦布船队最长的船——圣玛利亚号只有 49 米长)。郑和所到之国对其钦佩至极,许多国家至今仍可见三宝庙(郑和小名"三宝")。他的船有的仅载水,有的仅载大米,还有的载丝绸、茶和瓷器,用以贸易,但所有的船只均配备有当时世界上绝无仅有的先进武器。

公元前 4 世纪:化学战——牛皮制成的风箱把熊熊燃烧的干芥末和其他有毒物质产生的毒气喷向敌军,比一战的芥子毒气早 2300 年。

公元 1 世纪:适用于浅河道的明轮战舰。

公元 9 世纪:采用人体排泄物、附子草、乌头、巴豆油、亚砷酸盐、硫化砷、灰烬、桐油、皂豆荚等有毒物质混合火药制成的手榴弹和炸弹,

---

[52] 见田贝《中国开放之门》,Lothrop Publishing 出版社。

可产生黑烟以掩护行动或迷惑敌人。

公元 10 世纪：火焰喷射器、照明弹、烟火、炸弹、手榴弹、地雷、水雷、火箭和多级火箭。

公元 11 世纪：船上的水密隔舱（西方直到 19 世纪中叶才出现）。

公元 13 世纪：枪、火炮、臼炮和连发铳。

所幸，中国的武器仅用于防御而非征服。不幸的是，1540 年，中国的武器和制作方法传到了欧洲，此后几百年给世界带来毁灭性灾难。

孙子兵法对比马基雅维利主义

中国最大的优势不在于新型武器，而在于经典典籍《孙子兵法》所载的战略。至今全世界各行各业人士仍在研究孙子兵法，不仅包括军事专家，还包括商人、运动员以及任何想要提升战略思维的人。

尽管书名为兵法，但《孙子兵法》警示世人，只有在穷尽一切其他办法后，才可诉诸战争和武力。这一观点从根本上影响了儒家和道家道德观——呼吁对敌人也不应痛下杀手。老子在《道德经》第三十一章写道：

> 夫兵者，不祥之器，物或恶之，故有道者不处。君子居则贵左，用兵则贵右。兵者不祥之器，非君子之器，不得已而用之，恬淡为上，胜而不美，而美之者，是乐杀人。夫乐杀人者，则不可得志于天下矣。吉事尚左，凶事尚右。偏将军居左，上将军居右。言以丧礼处之。杀人之众，以悲哀泣之，战胜以丧礼处之。

如果战争不可避免，《孙子兵法》认为决定胜败的最重要因素是"主孰有道（双方君主哪一方施政清明）"（《始计篇》），其次才是将帅才能和兵力强弱等因素。由此便可以理解，为何林则徐试图通过诉诸道德和天道来终止鸦片贸易。但因为西方人遵从的不是儒家或道家思想，而是马基雅维利主义，所以林则徐的方法行不通。

西方"政治学之父"马基雅维利认为道德无关紧要，为达目的可不择手段。只要能达成目的，谋杀、欺骗和背叛皆应容许。

孔子和老子竭力主张领导者应通过道德垂范来进行治理，而马基雅维利认为受人敬爱不如被人惧怕（《君主论》第十七章）。在军队领导上，马基雅维利认为君王需要使用"非人道的残酷"以获得军队的尊重。与此相反，孙子的告诫是"视卒如婴儿，故可与之赴深溪；视卒如爱子，故可与之俱死"。（《地形篇》）（译者注：把战士当作自己的婴孩，就会随同他去冲锋陷阵；把战士当作自己的儿子，就会随同他共生死）

马基雅维利的著作重印了无数次，他的墓志铭上写道："颂词无以匹配如此盛名"。时至今日，西方商学院仍在教授他的战术。2018年7月18日，莫纳什大学商学院发表了一篇文章——《马基雅维利方法助你职场高升》[53]。

和平之源

1907年，约翰·麦高文写道，虽然中国人总是寻求和平繁荣与和平共存，但正如《孙子兵法》所述，若已穷尽一切其他办法，中国人定将刀兵相见。在此情形下，中国人会得天助。希望世界终将听取1891年7月4日福建总督在厦门为美国人所说的祝酒词：

> 5,000多年来，中国始终遵循自身的发展原则，但如今不得不跟随欧洲的方式进行改变和采取行动。改变始于拥有蒸汽船和铁路。如今，电报系统已覆盖各个省份。中国和埃森市、斯

---

[53] 见 https://www2.monash.edu/impact/articles/management/how-machiavelli-can-boost-your-career/

菲尔德市和匹兹堡市一样，拥有磨坊、锻造厂和铸造厂……没有债务束缚且拥有无尽资源和庞大人口的中国对于基督徒教世界来说，即便不是毁灭者，也是巨大的威胁。无论世事如何发展，有一点可以确定的是，20世纪，全球领导大国势必是东方的中国和西方的美国。让我们祈祷，为了人类福祉，中美两国始终如今日般秉承和平与正直的理念。

《教务杂志》(*Chinese Recorder*)，第23期，1892年1月

时值1892年，未来走向对于福建总督来说已毫无悬念。同样的，现在的中国也已能看清自己的未来。

如果世界开始改变，那未来一定会是一番新景象——和平、脱贫！

谨以甘地曾讲过的一段话作为本书结尾，希望中国梦有一天能成为真正的世界梦。

> 我们不过是世界的缩影。所有外部世界的倾向均能在我们体内世界中找到。如果我们能改变我们自己，那么世界倾向也会随之发生变化。当一个人改变他的天性时，世界对他的态度也会发生改变。这是至高无上的奥秘，也是我们幸福之源。我们不需要观望别人的做法。
>
> ——莫罕达斯·甘地 (Mahatma Gandhi)

图书在版编目（CIP）数据

中国人中国梦：中国人的生活变迁与脱贫攻坚 /
（美）潘维廉著；韦忠和，韩景威译. -- 北京：外文出
版社，2021.8
ISBN 978-7-119-12813-9

Ⅰ. ①中… Ⅱ. ①潘… ②韦… ③韩… Ⅲ. ①社会生
活 – 社会变迁 – 概况 – 中国②扶贫 – 概况 – 中国 Ⅳ.
① D693.93 ② F126

中国版本图书馆 CIP 数据核字 (2021) 第 214728 号

出版指导：陆彩荣
出版统筹：胡开敏　于　瑛
责任编辑：曹　芸　焦雅楠　于晓欧
装帧设计：北京正视文化艺术有限责任公司
印刷监制：秦　蒙

中国人中国梦：中国人的生活变迁与脱贫攻坚

[美] 潘维廉 (William N. Brown) 著

韦忠和　韩景威　译

©2021 外文出版社有限责任公司

出　版　人：胡开敏
出版发行：外文出版社有限责任公司
地址：中国北京西城区百万庄大街 24 号　　邮政编码：100037
网址：http://www.flp.com.cn　　　　　　　电子邮箱：flp@cipg.org.cn
电话：008610-68320579（总编室）　　　　008610-68996183（投稿电话）
　　　008610-68996057（编辑部）　　　　　008610-68995852（发行部）
印刷：北京侨友印刷有限公司　　　　　　　开本：710mm × 1000mm 1/16
字数：150 千字　　印张：16.75　　　　　　装别：平装
版次：2021 年 11 月第 1 版第 1 次印刷
　　　2022 年 8 月第 1 版第 2 次印刷
书号：ISBN 978-7-119-12813-9
定价：68.00 元

版权所有　侵权必究　　如有印装问题本社负责调换（电话：010-68329904）